Eis meu
CORAÇÃO,
eis minha MÃO

William A. Barry, SJ

Eis meu CORAÇÃO, eis minha MÃO

VIVENDO PLENAMENTE NA AMIZADE COM DEUS

Tradução:
Lêda Nascimento Pedreira

Título original:
Here's my heart, here's my hand – Living fully in friendship with God
© 2009 The Society of Jesus of New England
Loyola Press
3441 North Ashland Avenue, Chicago, IL 60657, USA.
ISBN 978-0-8294-2807-0

All rights reserved. Published under arrangement with LOYOLA PRESS, Chicago, IL, USA. Portuguese language rights handled by Agencia Riff, Rio de Janeiro, in conjunction with Montreal-Contacts/The Rights Agency. Portuguese translation Copyright © 2024 by Edições Loyola.

Todos os direitos reservados. Publicado em acordo com LOYOLA PRESS, Chicago, IL, USA. Direitos de língua portuguesa tratados pela Agência Riff, Rio de Janeiro, em conjunto com Montreal-Contacts/The Rights Agency. Tradução brasileira Copyright © 2024 por Edições Loyola.

Dados Internacionais de Catalogação na Publicação (CIP)
(Câmara Brasileira do Livro, SP, Brasil)

Barry, William A.
 Eis meu coração, eis minha mão : vivendo plenamente na amizade com Deus / William A. Barry ; tradução Lêda Nascimento Pedreira. -- São Paulo : Edições Loyola, 2024. -- (Espiritualidade cristã)

 Título original: Here's my heart, here's my hand : living fully in friendship with God
 ISBN 978-65-5504-361-7

 1. Cristianismo 2. Espiritualidade 3. Oração - Cristianismo 4. Vontade de Deus I. Título. II. Série.

24-206362   CDD-248.32

Índices para catálogo sistemático:
1. Oração : Cristianismo   248.32
Eliane de Freitas Leite - Bibliotecária - CRB 8/8415

Preparação: Maria Teresa Sampaio
Capa: Ronaldo Hideo Inoue
 Composição a partir da imagem de © PicItUp. © Adobe Stock.
Diagramação: Sowai Tam

Edições Loyola Jesuítas
Rua 1822 nº 341 – Ipiranga
04216-000 São Paulo, SP
T 55 11 3385 8500/8501, 2063 4275
editorial@loyola.com.br
vendas@loyola.com.br
www.loyola.com.br

Todos os direitos reservados. Nenhuma parte desta obra pode ser reproduzida ou transmitida por qualquer forma e/ou quaisquer meios (eletrônico ou mecânico, incluindo fotocópia e gravação) ou arquivada em qualquer sistema ou banco de dados sem permissão escrita da Editora.

ISBN 978-65-5504-361-7

© EDIÇÕES LOYOLA, São Paulo, Brasil, 2024

A PETER-HANS KOLVENBACH, SJ
com imensa gratidão, admiração e afeto

Sumário

Introdução ... 9

Parte I
Sobre a oração

1. Por que você reza? ... 17
2. Deus se comunica comigo? ... 25
3. Como sei que é Deus? ... 33

Parte II
Sobre o discernimento e a tomada de decisão

4. O amor de Deus não é utilitário ... 43
5. O reino de Deus e o discernimento ... 65
6. União com Deus ou encontro com a vontade de Deus? ... 79
7. Tomada de decisão na tradição inaciana ... 95

Parte III
Sobre dilemas atuais

8. O que é o mundo real? ... 111
9. Sábio conselho para tempos de grandes mudanças ... 125
10. Esperávamos: meditação em tempo de crise ... 137

Parte IV
Sobre Deus e a vontade de Deus

11. Deus como dança 147
12. Quem é Deus e como Deus quer que nos desenvolvamos 155
13. Como Deus reage a nós 171

Parte V
Sobre o impacto da amizade com Deus em nós

14. Mudando nossa imagem de Deus 179
15. Deus basta? 191
16. Uma meditação sobre morte e vida 205
17. Perdoar como Jesus perdoa 213
18. Humilhar-se 221

Leituras Recomendadas 225

Referências 227

Introdução

Um dia, Jesus estava rezando em certo lugar. Quando acabou, um dos discípulos lhe pediu: "Senhor, ensina-nos a rezar [...]".
[...] "Quando rezardes, dizei:
Pai, santificado seja teu nome
venha teu reino;
dá-nos o pão necessário para cada dia;
e perdoa os nossos pecados,
porque também nós perdoamos a quem é o nosso devedor,
e não nos deixes cair em tentação". (Lc 11,1-4)

A resposta de Jesus foi curta e breve, mas os cristãos através dos séculos parecem não ter ficado satisfeitos com estas simples palavras de conselho. Pediram continuamente ajuda para rezar e milhares de outros irmãos cristãos foram tolos a ponto de responder a esse pedido. Montanhas de livros foram produzidas em resposta ao simples pedido, "ensina-nos a rezar". Nenhum chegou à altura da concisão e da sabedoria do Mestre. Mas provavelmente a maioria deles, exceto os que tentam explicar variantes do que veio a ser chamada de "oração centrante", apenas tocam as mudanças daquilo que Jesus ensinou. No fim das contas, o pai-nosso é o modelo de toda oração cristã.

Mas parece que não conseguimos parar por aí, não é? Você pode ter apanhado este livro porque ficou intrigado com o título e esperava, talvez, que lhe desse alguma ajuda com sua oração. Se você encontrou este livro numa livraria, sem dúvida, lá havia inúmeros livros sobre oração para você olhar. Além disso, eu mesmo venho escrevendo sobre a oração há pelo menos vinte e cinco anos. As primeiras versões dos capítulos deste livro apareceram em diversas revistas ao longo de um período de cerca de vinte anos. A Loyola Press acredita que a fome de livros sobre oração justifica publicar este. O que está acontecendo? Por que não conseguimos aceitar a receita de Jesus para a oração e parar por aí?

Não tenho uma resposta para essas perguntas. Só sei que se manifestam certas intuições em meio à minha própria oração e a partir de experiências de pessoas que conversam comigo sobre sua oração, e sinto a necessidade de publicá-las com a esperança de que outros achem isso útil para o desenvolvimento de sua relação com Deus. Encontro grande consolação ao ouvir gente falando de sua relação com Deus, ao escrever sobre Ele e sobre o desejo que Deus tem de nossa amizade. Por isso continuo escrevendo, mesmo sabendo que minhas intuições básicas são poucas e bastante simples: Deus deseja nossa amizade e, no nível mais profundo de nossos corações, todos nós queremos o que Deus quer. No entanto, nossa autoimagem, algumas imagens algo erradas de Deus, nossa resistência em deixar Deus adentrar nossas vidas a não ser de modo superficial, e muitos interesses e preocupações nos impedem de satisfazer ambos os desejos. Vou tocando variações em torno destes temas e, até agora, um número suficiente de pessoas se interessaram pelo que eu escrevo, o bastante para me encorajar a continuar. Por isso é que você tem este livro em suas mãos.

Como mencionei, o livro é uma coleção de capítulos baseada em artigos que apareceram em diferentes revistas durante um período de certos anos. Todos esses artigos têm alguma coisa a ver com a oração como uma relação consciente com Deus e os efeitos do engajamento nesta relação consciente. Já que os leitores eram diversificados, revi todos os artigos para tentar dar ao livro um estilo mais congruente e conversacional. Desejo envolver o leitor em um diálogo, mesmo sem nos encontrarmos face a face. Escrevo, às vezes, como se estivesse bem seguro de mim. Não se engane com esse tom. Por vezes, meio sorrindo, me pergunto se não estou tentando convencer a mim mesmo. Somente um completo idiota poderia estar absolutamente certo sobre qualquer coisa que ele ou ela dissesse sobre Deus. Estou escrevendo a partir de minhas convicções, mas não acho que eu seja um idiota. Entretanto estas são apenas as minhas convicções e Deus é sempre maior do que qualquer coisa que eu ou qualquer outro possa pensar. Você precisa ler com um olhar que parte de sua própria experiência e seu próprio *insight*. Por isso minhas indagações ao leitor são o tipo de pergunta que eu gostaria de lhe fazer se estivéssemos face a face. Na minha opinião, este livro seria um fracasso se, pelo menos às vezes, não despertasse em você um desejo de me questionar sobre algo que escrevi. Por vezes discuti comigo mesmo. Afinal de contas, algumas das coisas que aprendi sobre Deus, em relação a mim, se opunham a ideias que eu acreditava serem doutrinariamente absolutas. O exemplo mais óbvio é a noção de amizade com Deus. Como poderia Deus, que é eterno, imutável, onisciente, totalmente suficiente, ser meu amigo? Portanto, se o que eu escrevo o incomoda, leitor, não deixe para lá. Leve a sério e pergunte a Deus se o que escrevo é verdade. Estou escrevendo não para provar que estou certo a respeito de Deus ou para lhe dar boas ideias, mas para o encorajar a se engajar numa relação próxima com Deus. E até mesmo discordâncias com as ideias deste livro podem servir a esse relacionamento.

Organizei o livro da seguinte forma: a primeira parte trata de algumas de minhas ideias sobre a oração e como Deus se comunica conosco. Você poderia achar estes capítulos curiosos, quando convidam a atentar para sua própria experiência como lugar privilegiado de encontrar a Deus. Na segunda parte abordo questões relacionadas a como decidimos sobre o que nos vem e o que não nos vem de Deus na nossa experiência, tradicionalmente o que é chamado discernimento de espíritos. Talvez refletir sobre estes capítulos e sua própria experiência lhe ajude a descobrir como Deus o está guiando em sua vida. A terceira parte tem três meditações que lhe podem ajudar a viver mais confortavelmente com os dilemas que a atual situação do mundo e da Igreja apresentam. Na quarta parte você encontrará três meditações sobre quem é Deus e o que Deus deseja para a criação. O que estou escrevendo soa verdadeiro em face da sua experiência? Caso contrário você tem algo a conversar com Deus. A quinta parte contém algumas meditações sobre como a nossa conexão com Deus nos transforma.

Eu o animo a usar o livro não apenas para adquirir mais conhecimento, mas também para melhorar sua amizade com Deus. Uma maneira de fazer isto é ler cada capítulo em clima de oração, parando periodicamente para falar com Deus sobre o que você está lendo, pensando e sentindo. Se você se sentir envolvido com Deus, apenas coloque o livro de lado e aproveite a conversa. Só volte a apanhá-lo quando a conversa tiver acabado. E lembre-se da resposta de Jesus ao pedido, "ensina-nos a rezar". Basicamente, ele disse, "fale com Deus como a seu Criador, que se preocupa com você mais do que jamais poderia saber".

Parte I
Sobre a oração

❊

Nesta parte vamos olhar para algumas perguntas que afloram sobre a oração. Afirmo que Deus deseja nossa amizade. A oração é, então, uma maneira de se envolver nessa relação de amizade com Deus. Espero que estas meditações ajudem sua vida de oração.

❊

1
Por que você reza?

Alguém poderia perguntar, "Por que você reza?". Permita-me ser sincero. Houve tempo que eu rezava porque era um jesuíta. Em outras palavras, minha resposta queria dizer "porque devo rezar". A oração era uma obrigação e, para ser franco, um fardo. Rezei, às vezes, para aplacar Deus, ou como se para me livrar dele. Muitas vezes rezei para conseguir alguma coisa, um favor, por exemplo. Tais respostas à pergunta tornam a oração utilitária. Sem dúvida, minha motivação para rezar ainda tem vestígios destas respostas. Entretanto, em meus melhores momentos, minha resposta agora a esta pergunta é "rezo porque acredito em Deus". Deixe-me explicar. No processo espero que possa também dizer alguma coisa útil a respeito de como rezar.

O que Deus quer?

Por que Deus criou este universo? Vamos brincar com a imagem do jardim no segundo e terceiro capítulos do livro do

Gênesis. A imagem se torna clara depois do pecado do primeiro homem e da primeira mulher. Lemos que: "Quando escutaram o rumor dos passos de Javé Deus, que passeava no Jardim à hora da brisa do dia, o homem e a mulher se esconderam da face de Javé Deus, no meio do jardim. Chamou então Javé Deus pelo homem: 'Onde estás?'. Ao que este respondeu: 'Ouvindo o rumor de teus passos no Jardim, tive medo, porque estava nu, e me escondi'" (Gn 3,8-10).

Se você se concentrar por um tempo nesta imagem, perceberá que o autor vê a terra como um jardim no qual Deus e seres humanos se entretêm num trabalho diário e se reúnem à tardinha para passar o tempo do dia, talvez para conversar sobre ele. Antes de seu pecado, o homem e a mulher não sentiam medo diante de Deus; o fato de estarem nus e não demonstrarem vergonha simboliza sua transparência. Esta imagem me fala ao coração e eu espero que fale também ao seu. Ela nos conta algo sobre o sonho de Deus para nosso mundo.

Deus quer um mundo no qual trabalhemos em harmonia com o propósito de Deus na criação; um mundo no qual Deus está ativo e nós estamos ativos; um mundo no qual, realmente, cooperamos com Deus para o desenvolvimento do planeta. Deus quer que sejamos amigos e parceiros nesta criação. O pecado cria obstáculos ao processo. Os seres humanos agem em oposição à intenção de Deus e ficam envergonhados e com medo dele. A relação de intimidade é quebrada.

Os capítulos seguintes do Gênesis descrevem as consequências do pecado humano. Caim mata seu irmão Abel;

seres humanos morrem cada vez mais jovens; incesto e outras abominações se seguem; finalmente, no capítulo 11, os seres humanos perdem a habilidade de se comunicar uns com os outros na Torre de Babel. Entretanto, Deus não desiste.

O capítulo 12 do Livro do Gênesis inicia a história dos esforços de Deus para nos trazer de volta a um relacionamento correto. Deus chama Abrão e Sarai, de quem brotará o povo escolhido, um povo escolhido não somente para eles próprios, mas para ser luz para o mundo. Você pode ler os capítulos que seguem como uma história de crescente intimidade entre Deus e Abrão e Sarai, uma intimidade sinalizada pelo fato de que Deus mudou seus nomes para Abraão e Sara. Em outras palavras, a reversão da catástrofe do pecado do homem acontece através da retomada de uma relação íntima com Deus, uma relação na qual seres humanos novamente são convidados a se tornarem parceiros de Deus. Deus escolhe Abraão e Sara e, através deles, os israelitas, para serem os portadores do sonho de Deus, para a reversão dos efeitos do pecado. O ápice desta escolha de Israel é certamente o aparecimento de Jesus de Nazaré. Nós que somos seguidores de Jesus somos destinados a ser luz para o mundo, vivendo seu modo de intimidade e parceria com Deus.

Assim o Deus no qual acreditamos deseja uma relação de intimidade e parceria com cada um de nós e com todos nós, juntos. Quer que sejamos uma família. Sendo isto verdade, então o desejo criador de Deus, que traz todo o universo e cada um de nós à existência, nos toca nas profundezas de nossos corações. Somos feitos para a união com Deus e nossos corações devem desejar essa união num nível muito profundo. Agostinho escreveu: "Fizeste-nos para Vós e nossos corações não encontrarão paz enquanto não descansarem em Vós" (*Confissões* I,1). Juliana de Norwich ecoa a mesma ideia: "...pois nosso desejo natural é possuir Deus, e o bom desejo de Deus é possuir a nós, e nunca poderemos parar de desejar ou ansiar até que completa e alegremente o possuamos, e então nada mais desejaremos" (*Revelations of Divine Love*, 1998, 50).

Por que rezar?

Por que eu rezo? Rezo porque acredito neste Deus. Não só, rezo porque meu coração anseia por Deus, embora eu muitas vezes tenha medo da proximidade com ele. Encontrei muitas pessoas que expressam este anseio por Deus e que rezam porque acreditam no Deus que tanto os atrai.

Como rezar?

Isto nos traz à questão de como satisfazer esse anseio por Deus. A resposta mais simples é se engajar na oração. É aqui que entra a esperança de que eu possa ter algo útil a dizer sobre como rezar. Se Deus quer uma amizade, uma parceria com cada um de nós (e com todos nós como um povo), e nós temos um desejo recíproco por tal relacionamento, então a oração se assemelha ao que acontece em qualquer amizade. A amizade entre duas pessoas se desenvolve através de autorrevelação mútua. Portanto, na oração procuro deixar que Deus conheça quem eu sou e peço a Deus que faça o mesmo comigo. É simples assim. Como com Abraão e Sara, é um assunto de crescente transparência mútua. À medida que crescemos na nossa confiança em Deus, invertemos os resultados do pecado de Adão e Eva. Não nos envergonhamos de estar nus diante de Deus, isto é, de revelarmos todos os nossos pensamentos, sentimentos e desejos.

É claro que, mesmo nas relações humanas, o que parece simples pode se tornar muito complexo e difícil por causa de nossos medos e inseguranças. Também em nossa relação com Deus os temores e inseguranças podem atrapalhar. Podemos sentir que não somos merecedores da atenção e do amor de Deus. Claro, pode até ser verdade que não somos dignos do amor de Deus, mas Deus não parece se importar. Deus nos ama mesmo assim, livremente, e parece amar com um desprendimento imprudente. Portanto, nossos receios são, de fato, infundados. Entretanto, precisamos ultrapassar esses medos e a única maneira de fazê-lo é nos engajar numa relação com Deus, descobrindo, por nossa conta, que Deus é perdidamente apaixonado por nós.

Em princípio, então, a oração é uma coisa simples. Digo a Deus o que está acontecendo na minha vida e no meu coração e espero pela resposta de Deus. Os salmos são exemplos deste tipo de oração. Neles os salmistas dizem a Deus tudo que está acontecendo nos seus corações, mesmo coisas que estremecemos ao falar. No Salmo 41(42) o salmista diz a Deus o quanto ele anseia por Deus. O Salmo 103(104) louva a Deus pelas belezas da criação. O Salmo 22(23) fala da confiança em

Deus mesmo num momento obscuro. O Salmo 50(51) roga a Deus para perdoar pecados. O Salmo 12(13) apela furiosamente a Deus: "Até quando, Senhor, hás de esquecer-me? Sempre?" O lindo Salmo 136(137) termina com esta oração de arrepiar contra os babilônios: "Feliz quem contra os rochedos lançar tuas criancinhas!"

Estes salmistas deixam tudo aparecer na oração. Os salmos também registram a comunicação de Deus aos salmistas e ao povo. Por exemplo, no Salmo 39(40): "Esperei no Senhor ansiosamente, / e ele se inclinou e ouviu meu grito. / Escutou meu clamor e retirou-me / de uma cova fatal, um mar de lodo". Em outras palavras, o salmista experimentou a presença de Deus como um espírito de elevação num momento difícil. E no Salmo 49(50): "Escuta, povo meu, vou acusar-te; / censurar-te, Israel, eu, o teu Deus. / Não por teus sacrifícios eu te acuso [...]". A oração é uma coisa simples, mas requer uma confiança crescente de que Deus realmente quer saber tudo a nosso respeito, mesmo aquelas coisas que são desagradáveis, e que Deus quer revelar seu próprio ser a nós.

Os efeitos de tal oração

O que acontece quando rezamos assim? Do mesmo modo como dois amigos mudam por causa de sua intimidade que cresce, também assim uma intimidade com Deus que se aprofunda nos modifica. Mas a mudança ocorre através do próprio relacionamento, não através da pura força de vontade. Ao nos relacionarmos com Deus desta maneira, nós nos tornamos mais como ele. Isso é o que acontece em relacionamentos humanos, não é? Nós nos tornamos parecidos com nossos melhores amigos em nossos gostos e desgostos, em nossas esperanças e nossos desejos, e assim por diante. Assim também nos tornamos como Deus, através desse indicado tipo de oração. Tornamo-nos parecidos com aquilo que amamos.

A melhor maneira de nos tornarmos como Deus é crescer no nosso conhecimento e amor de Jesus de Nazaré, Deus em carne humana. Ao fazer os *Exercícios Espirituais* de Inácio de Loyola por completo, chego a um ponto em que desejo conhecer Jesus mais intimamente, para o amar mais e o seguir mais de perto. Mas só posso conhecer outra pessoa se aquela pessoa – ele ou ela – se revelar a mim. Então meu desejo de conhecer Jesus mais intimamente é um desejo de que Jesus se revele a mim. Se eu tenho este desejo, devo, então, ter um tempo com os Evangelhos para deixar que estimulem minha imaginação para que Jesus possa se revelar – isto é, revelar seus sonhos e esperanças, seus amores e ódios e suas expectativas para mim. À medida que me comprometo com este tipo de oração me surpreendo com o que descubro sobre Jesus, e assim sobre Deus e sobre mim mesmo. No processo, vou passar a amar Jesus e me tornar mais como ele.

Por que rezo? Porque acredito em Deus, que nos ama com um amor eterno e nos quer como seus parceiros e amigos. Rezo, em outras palavras, porque Deus me fez para isto.

Você vai encontrar referências a alguns livros sobre a oração como um relacionamento na seção "Leituras Recomendadas", no fim deste livro.

2
Deus se comunica comigo?

"Você diz que Deus quer se engajar numa relação de amizade com cada um de nós e indica que Deus se comunica conosco. Eu não escuto Deus falando comigo". Consigo imaginar alguém respondendo dessa maneira ao primeiro capítulo deste livro. Quero responder como melhor puder à pergunta, "Deus se comunica comigo?"

No primeiro capítulo eu argumentei que Deus cria o mundo para convidar cada um de nós a um relacionamento de intimidade, de amizade, de reciprocidade. Se isto é verdade, então Deus está sempre nos fazendo propostas, está sempre se comunicando com cada um de nós. Então a resposta à pergunta que o título deste capítulo apresenta é *sim*, e a pergunta verdadeira deveria ser, "Como é que presto atenção à comunicação de Deus?". Deus, o criador do universo, não é o deus dos deístas, alguém que criou o mundo e depois deixou que seguisse sozinho, como um relojoeiro ao fazer um relógio. Deus está sempre trabalhando neste universo, com o propósito de fazer acontecer a intenção divina ao criá-lo, nos chamando à intimidade e amizade com Deus e uns com os outros. Então a pergunta se torna "Como é que Deus se comunica comigo ou com qualquer pessoa?".

Experienciando o desejo de Deus por nós

Quando somos atraídos por alguém ou por qualquer coisa, a beleza existente naquela pessoa ou coisa nos atrai. Mas nós não existimos antes que Deus deseje nossa existência. Ao nos desejar, Deus nos cria e nos torna desejáveis a ele e aos outros, e nos faz desejosos dele. A ação de Deus, ao desejar que existamos, não acontece de uma vez por todas no passado; é contínua, sempre presente. A todo o momento de nossa existência estamos sendo criados pelo desejo de Deus por nós. Experimentamos este desejo criativo de Deus? Acredito que sim. De vez em quando somos quase dominados por um desejo de algo que não sabemos o que é, no todo, e ao mesmo tempo estamos cheios de uma sensação de bem-estar. Nestes momentos, creio eu, estamos experimentando o desejo criador de Deus para nós e nosso correspondente desejo de Deus. Deus é o objeto do desejo desse algo que desconhecemos, do todo, daquilo que nem conseguimos nomear.

No romance de Anne Tyler, *Dinner at the Homesick Restaurant*, encontramos uma descrição de uma tal experiência. Uma idosa cega, Pearl Tull, faz seu filho ler o seu diário da infância. Parece que antes de morrer ela quer lembrar a experiência sobre a qual escreveu tanto tempo atrás:

Hoje de manhã cedo fui atrás da casa, arrancar as ervas daninhas. Estava ajoelhada no chão, ao lado do estábulo, meu avental uma bagunça e o suor escorrendo pelas costas, enxuguei o rosto com a manga, peguei a pá de jardinagem e de repente pensei, ora, sinto que neste momento sou completamente feliz. As escalas do piano da menina dos Bedloe flutuavam pela janela afora... e uma mosca varejeira zumbia no capim e percebi que estava ajoelhada num lindo e pequenino planeta verde. Não me importa o que poderá acontecer, vivi este momento. Ele me pertence. (1983, 284)

Repetidas vezes percebi que as pessoas respondem positivamente quando pergunto se já tiveram experiências assim. Estas são experiências de comunicação de Deus conosco. E você, consegue recordar experiências como essa?

Uma vez, quando comentava tais experiências com uma classe de estudantes da pós-graduação, uma irmã australiana se manifestou. Tinha tido tais experiências, mas também tinha tido outras diferentes. Ela havia trabalhado no centro de uma das maiores cidades da Austrália. Com frequência, à noite, depois de um dia exaustivo, ela rezava e era tomada por um choro e soluços de profunda dor. No silêncio que se seguiu lhe perguntei se gostaria de ter outras experiências assim. Ela disse, "Sim, mas não somente essas". O silêncio na sala era profundo. Acreditei então, e ainda acredito, que ela havia experienciado a dor de Deus ante o que nós fizemos a este "lindo e pequenino planeta verde". Cheguei à conclusão que quando nós espontaneamente experimentamos grande dor e compaixão por outro ser humano, estamos experienciando a compaixão do próprio Deus.

Exemplos dos profetas

O profeta Oseias se apaixonou perdidamente por uma prostituta e continuou a amá-la a despeito de sua contínua infidelidade. Enquanto ponderava a respeito de seu próprio amor apaixonado, deve ter ficado espantado consigo mesmo. Talvez, refletindo sobre sua experiência, tenha entendido que ele estava experimentando algo do próprio *pathos* de Deus em relação a um Israel descrente. Quando nós amamos realmente e perdoamos alguém que nos fez mal, creio que estamos experimentando o amor e o perdão de Deus. Em certa ocasião escutei uma palestra do jesuíta, escritor e diretor espiritual, David Fleming. Ele afirmava que quando, na primeira semana dos *Exercícios Espirituais*, rezamos pedindo vergonha e confusão por causa de nossos pecados e da condição de pecado de nosso mundo, estamos pedindo para experimentar a vergonha e confusão de Jesus como um ser humano pelo que os seres humanos fizeram a outros seres humanos, ao planeta, a Deus. Em outras palavras, estamos pedindo para experienciar a vergonha e confusão de Deus diante de nós, pecadores.

O profeta Miqueias coloca estas pungentes palavras de queixa na boca de Deus: "Povo meu, que te fiz? Em que te fatiguei? Responde-me!" (6,3). O Criador do universo implora uma resposta de seu povo, quase como que confuso e envergonhado ante o que tinham feito. Isto parece com a vergonha e confusão pelas quais Inácio quer que supliquem os que fazem retiro. Talvez quando a gente experimenta tal vergonha e confusão ante nossos próprios pecados e ante os horrores que nossos companheiros humanos cometem, estamos experimentando a comunicação de Deus conosco. Como essas ideias o afetam, leitor?

A experiência de compaixão pelos outros

Na minha vida encontrei pessoas com uma tremenda compaixão pelos outros. Uma delas é uma funcionária de cuidados pastorais, num hospital, que frequentemente derrama lágrimas de compaixão pelos pacientes sofredores. Seu coração quase que se parte pelo sofrimento destes estranhos que se tornam sua família. Outra é um homem cuja esposa sofria de uma doença cerebral que mudou sua personalidade. Ele me contou que a amava muito e que seu coração estava partido porque ela não sabia mais o quanto ele a amava. Quando escuto tais experiências, lágrimas me vêm aos olhos; sinto um espanto e um calor que me convencem que estou na presença de Deus, um Deus que ama os outros através dos corações destas pessoas. Quando experimentamos compaixão por outros que estão sofrendo, estamos experienciando a compaixão de Deus. Deus está se comunicando conosco e, através de nós, com o outro.

Generosidade espontânea

Uma vez agi generosamente sem premeditação. De fato, como percebi depois, foi um ato de generosidade espontânea, cujo crédito não me cabia. Havia planejado usar um vale-presente para comprar alguns livros para mim mesmo quando, em um almoço, perguntei a um jesuíta idoso se ele gostaria de alguns CDs de música clássica. Não sei de onde partiu essa ideia, mas quando ele disse que gostaria de algumas das sinfonias de Beethoven, saí e usei o vale-presente para comprá-las. Enquanto estava fazendo isso não me achei generoso, tampouco pensei em mim. Não é meu jeito costumeiro de agir, como se vê pelo fato de que fiquei surpreendido com isso. Creio que experimentei a generosidade de Deus jorrando de mim.

Este incidente me recordou uma experiência de Frederick Buechner registrada em suas memórias, *The Sacred Journey*. Ele tinha acabado de assinar o contrato para seu primeiro romance. Quando saía do escritório da editora, esbarrou com um colega de faculdade que estava trabalhando como menino de recado. Em lugar de sentir qualquer orgulho por ter se tornado bem-sucedido e seu colega não, ele sentiu uma tristeza, até vergonha, e percebeu, como escreve, "que, no fim das contas, não pode existir para ninguém uma alegria real até que a alegria exista finalmente para nós todos". Ele diz que não pode receber nenhum crédito por esse *insight* ou sentimento. "O que senti foi algo melhor e mais verdadeiro do que eu era, ou do que sou, e aconteceu, como talvez todas essas coisas aconteçam, como uma dádiva" (1982, 97). Quando somos surpreendidos por sentimentos, desejos e *insights* que são "algo melhor e mais verdadeiros" do que somos, talvez estejamos experimentando a presença de Deus a nos levar a uma união com Deus e com todos os demais.

Preste atenção a sua experiência

O que estou sugerindo é que prestemos atenção a nossa experiência como o lugar privilegiado onde Deus se comunica conosco. Nosso Deus está ativamente envolvido neste mundo e com cada um de nós. Deus tem um propósito ao criar o universo e cada indivíduo; este propósito nem descansa nem se cansa. Se isto é verdade, então nós somos os objetos da comunicação de Deus a todo instante de nossa existência. Deus está sempre batendo à nossa porta, por assim dizer. Nós é que não estamos conscientes disso o suficiente, na maioria das vezes. Mas podemos melhorar a percepção se desejarmos. Quando começarmos a prestar mais atenção descobriremos que a comunicação de Deus frequentemente se mostra naqueles momentos quando esquecemos de nós mesmos e nos interessamos pelo outro, quer este outro seja algo na natureza ou outro ser humano.

Enquanto Jesus explicava as Escrituras aos discípulos no caminho de Emaús, seus corações ardiam (Lc 24,32), mas não prestaram atenção a isto até depois de partir o pão. Mesmo sem notar o ardor em seus corações, foram alcançados pelas palavras deste estrangeiro e assim estavam experimentando a comunicação com Deus. Quando eles relembraram a experiência, reconheceram o que tinha acontecido no caminho. Precisamos dedicar tempo para rever nosso dia e ver onde nossos corações estavam ardendo. Podemos descobrir que fomos frequentemente tocados por Deus ao longo de um dia. Sim, Deus se comunica com cada um de nós. Será que os exemplos deste capítulo o lembraram de experiências semelhantes de sua parte?

3
Como sei que é Deus?

Escuto alguém que leu o capítulo anterior perguntando, talvez com algum ressentimento, "Você me diz para prestar atenção a minha experiência como o lugar privilegiado onde Deus se comunica comigo. Mas como sei se é Deus que está se comunicando comigo? Não poderia ser um desejo realizado ou mesmo apenas uma boa digestão que faz com que me sinta estimado por Deus?". Leitores deste livro, assim como eu, vivem numa cultura que está imersa em explicações psicológicas para todo tipo de experiência; uma cultura que, na verdade, desconfia de argumentos religiosos. Como podemos saber se estamos experimentando Deus e não apenas nós mesmos e nossas próprias projeções? Na nossa época esta é uma pergunta candente, mas também o era no tempo de Inácio de Loyola. Nos seus *Exercícios Espirituais* ele desenvolve regras, as regras para o discernimento dos espíritos, para responder a tal pergunta. É bastante espantoso que regras formuladas por um homem que viveu há mais de quatrocentos anos possam ainda ter relevância, contudo muitas pessoas acham que elas ajudam a responder a pergunta: "Como sei que é Deus?".

O exemplo de Inácio

O próprio Inácio começou a aprender como distinguir a influência de Deus de outras influências durante sua longa convalescença de uma ferida de batalha. Envolveu-se em longos devaneios em que, como um cavaleiro, realizava grandes feitos para ganhar o favor de uma grande dama, uma dama tão grande que parece que ele não tinha nenhuma esperança real de conquistá-la. Ele apreciava imensamente os devaneios. Entretanto, na falta das novelas de cavalaria, que ele teria preferido, começou a ler a vida de Cristo e um livro sobre vidas de santos. Suas reflexões sobre estas leituras levaram-no igualmente a fantasias não realistas; imaginava-se realizando feitos ainda maiores do que aquilo que estes santos realizaram por amor a Cristo. Também apreciava imensamente esses devaneios. Havia, contudo, uma diferença, porém por muito tempo não a percebeu. Depois dos devaneios a respeito dos feitos de cavaleiro ele se sentia triste e apático, enquanto que depois daqueles em que imitava os santos continuava a se sentir alegre e vivo. Um dia, disse ele, surgiu uma luz e percebeu que Deus estava se comunicando com ele através de um dos conjuntos de devaneios, aqueles que inspiravam alegria contínua, enquanto que o "mau espírito" se encontrava por trás dos outros devaneios, os que o deixavam triste.

Note bem: Inácio não estava rezando quando fez este primeiro discernimento sobre a comunicação de Deus; estava sonhando acordado. Além disso, ambos os grupos de devaneios tinham a marca de uma ambição narcisista, não realista. Apesar disso, veio a crer que Deus usava um grupo de tais devaneios para atraí-lo em direção a um novo modo de vida. Por causa de experiências como estas, Inácio veio a acreditar que Deus está sempre se comunicando conosco, que toda experiência contém um toque de Deus em si. É quase um lema da espiritualidade inaciana que Deus pode ser encontrado em todas as coisas. A única questão é se estaremos ou não conscientes da presença de Deus.

Então como foi que Inácio descobriu que, neste caso, Deus estava se comunicando com ele? Por fim prestou atenção a seus estados emocionais, durante e depois dos dois grupos de devaneios. Durante ambos ele se sentia exultante e animado, mas depois dos devaneios em que realizava grandes façanhas de cavaleiro ele se sentia triste e apático, enquanto que depois dos devaneios em que seguia a Cristo ele ainda se sentia exultante. Então a primeira lição para discernir como Deus se comunica é atentar para nossas experiências e os estados emocionais que nossas experiências suscitam. A segunda lição, por estranho que pareça, é que Inácio descobriu a presença de Deus através da percepção de se sentir feliz e animado; é estranho porque talvez nós, frequentemente, não associemos sentir felicidade e animação com a presença de Deus. No fim deste capítulo desejo parafrasear as duas primeiras regras do discernimento dos espíritos que Inácio formulou nos *Exercícios Espirituais*.

Algumas regras de ouro para o discernimento

A primeira regra de ouro é que se olhe para sua orientação comum em relação a Deus e a própria vida como cristão. Tento viver uma boa vida cristã tanto quanto possível? Ou estou sendo leviano em relação à maneira que sei que deveria estar vivendo? Como um exemplo dessa última, pense num proprietário de uma mercearia que regularmente rouba seus clientes através de pequenas mudanças de peso nas suas embalagens. Suponha que ele fosse tentar se envolver num relacionamento com Deus. Que acha que aconteceria? Provavelmente começaria a sentir dores de consciência à medida que entendesse como Deus fora bom para ele e quando lembrasse sua trapaça. Poderia sentir algum alívio dessas dores de consciência com pensamentos como estes: "É coisa insignificante, somente uns poucos gramas em cada pacote. E meu volume é pequeno. Sei que grandes cadeias têm enormes lucros". Inácio diria que as dores de consciência vêm de Deus e que as racionalizações que dão alívio vêm do mau espírito ou da relutância do próprio merceeiro em mudar seu estilo de vida.

E a pessoa que está tentando viver uma vida cristã decente, mesmo que não seja perfeita, digamos, uma mãe e esposa que trabalha e faz o possível para realizar uma jornada diária honesta e cuidar de suas obrigações familiares? Tal pessoa sentiu grande alegria e paz na presença de Deus e esteva desejosa da oração. Logo, entretanto, ela experimentou ansiedade, sentindo que estava sendo orgulhosa demais para esperar que Deus falasse com ela e que dedicar tempo à oração assim seria um luxo que ela não poderia se dar. Disse a si mesma, "Isto é pretensioso demais para gente como eu". Deus então parecia distante. Inácio diria que as experiências positivas vêm de Deus ou do bom espírito, que a quer atrair para uma amizade, enquanto que os pensamentos perturbadores vêm do mau espírito ou de seus medos da proximidade de Deus.

Assim, a primeira regra de ouro nos move a estabelecer a orientação geral de nossas vidas. Se eu não estou sintonizado com Deus na minha vida, posso esperar que Deus vá tentar fazer com que eu mude minha vida; vou sentir dores de consciência ou preocupações a respeito de certos aspectos de minha vida. Estas dores de consciência, entretanto, não vão me conduzir a exames ansiosos, escrupulosos de todas as minhas motivações; mas suavemente apontarão onde errei. O mau espírito, ou meu próprio desejo de não encarar uma mudança, vai cochichar lisonjas ao meu ouvido para me convencer de que tudo está bem. Um exemplo de minha própria vida: por algum tempo vinha tendo preocupações a respeito da quantidade de álcool que estava bebendo e como isso estava afetando minha saúde. Racionalizando afastava-as porque estava funcionando muito bem na vida diária. Entretanto, com frequência tinha sono à noite, depois do jantar, quando queria rezar. Um dia, por causa da interferência de um amigo, percebi que as preocupações com minha bebida vinham de Deus. Recebi a graça de parar de beber e assim fiquei muito mais feliz. A comunicação de Deus veio na forma de queixas incômodas que desejavam me conduzir a uma vida mais feliz e mais sadia.

Por outro lado, se estamos tentando viver sintonizados com a intenção de Deus, diz Inácio, Deus nos consolará, nos ajudará a ir em frente, nos encorajará em nossos esforços para viver uma vida boa. Mas o mau espírito ou nossos próprios medos da proximidade com Deus tentarão nos deixar desconfiados de desenvolver uma relação mais próxima com Deus, como aconteceu com a mulher que mencionei anteriormente. Inácio, por exemplo, teve este pensamento num dado momento depois de sua conversão: "E como você vai poder aguentar isto (ou seja, sua vida ascética e as orações) durante os setenta anos que você tem à sua frente?". Inácio, com toda razão, respondeu que ninguém poderia garantir que ele viveria mais um dia sequer.

A segunda regra de ouro acompanha a primeira. Deus quer que sejamos felizes e realizados. Mas a única maneira de sermos felizes e realizados é estarmos em sintonia com o desejo de Deus para o mundo e para nós. Para aqueles que que estão tentando levar uma vida sintonizada com a intenção de Deus, na sua maior parte a consolação está na ordem do dia. Isto não significa que a vida será sem dor e sofrimento; significa que Deus quer ser, para nós, uma presença consoladora, mesmo nas inevitáveis dores e sofrimentos que a vida nos reserva. Se isto é verdade, então a terrível agonia mental e a tortura vividas por pessoas escrupulosas não são de Deus. Afinal de contas, pessoas escrupulosas estão tentando viver em sintonia com Deus. O próprio Inácio, durante os primeiros dias após sua conversão, foi atormentado por escrúpulos. Temia não ter confessado todos os seus pecados. As coisas ficaram tão ruins que chegou a pensar em suicídio. No entanto, a esta altura de sua vida, ele estava tentando com grande fervor, aliás com excessivo fervor, viver uma vida de acordo com o sonho de Deus. Finalmente chegou à conclusão que estes pensamentos escrupulosos não podiam ser de Deus. Em outras palavras, ele finalmente entendeu que Deus queria sua paz e sua felicidade, não a tortura de sua mente e de sua alma.

Estas duas regras fazem sentido para você? O que estou dizendo é relativamente simples. Podemos discernir, na nossa experiência, o que é de Deus do que não é de Deus. Mas para fazê-lo precisamos acreditar que Deus está se comunicando conosco e que nós de fato experimentamos a comunicação de Deus. Como cristãos somos comprometidos com a fé em Deus, como o Mistério que está sempre tentando atrair cada um de nós e todos nós juntos para a amizade. Agora precisamos colocar aquela fé em prática levando a sério nossa experiência. Uma maneira de fazê-lo é nos empenharmos no exercício que Inácio chama de exame de consciência diário. A uma certa altura do dia paramos por alguns minutos para pedir a ajuda de Deus para rever as experiências das partes já concluídas do dia. Depois de um momento de gratidão a Deus repassamos os acontecimentos ocorridos no dia. O que sobressai? O que nos afetou mais profundamente? O que nos atribulou? Tal revisão do dia pode nos conduzir a uma conversa com Deus sobre nossas reações. Pode também nos levar ao uso destas regras de ouro para tentar ver como Deus se estava comunicando conosco e como nós respondemos. De fato, podemos conhecer a voz de Deus.

Parte II
Sobre o discernimento e a tomada de decisão

❧

Na Parte I começamos a olhar a questão de como discernir, na nossa experiência, o que vem de outras influências e o que é de Deus. Nesta parte vou oferecer algumas meditações sobre discernimento e tomada de decisões na tradição inaciana, na esperança de que possam desencadear um *insight* e ajudar você a sintonizar sua vida com o sonho de Deus.

❧

4
O amor de Deus não é utilitário

No primeiro capítulo mencionei que o amor de Deus não parece ter um propósito utilitário. Desejo aqui refletir com você sobre a compreensão de que Deus não nos ama por alguma razão externa – por exemplo, para que possamos executar algum plano que Deus tem para nossa parte do mundo. Defendo a ideia de que o amor de Deus não tem um propósito utilitário.

Há alguns anos – mais do que eu gostaria de lembrar –, como um jovem ousado jesuíta em treinamento, estava envolvido numa conversa animada com alguns outros jesuítas. Estávamos discutindo as razões para ser jesuíta. Durante a discussão fui me achando cada vez mais insatisfeito com as razões apresentadas, a maioria das quais girava em torno da ideia que o voto de castidade nos tornava mais disponíveis para o serviço. Eu tinha visto homens e mulheres, casados ou solteiros, que eram pelo menos tão dedicados a serem seguidores de Cristo quanto qualquer um de nós. Meus próprios pais eram exemplos excepcionais de apaixonados nada egoístas. Eu não podia acreditar que Deus ficasse mais feliz conosco do que com eles. Nem podia aceitar a noção de que Deus queria que eu fosse jesuíta a fim de salvar uma parte do mundo. Aquilo simplesmente não combinava com minha experiência e reflexão.

A certo ponto soltei algo assim: "Sou jesuíta porque Deus quer que eu seja feliz e produtivo. O amor de Deus por mim me conduziu a escolher esta vida, do mesmo modo que seu amor por outros os conduz a escolher suas maneiras de viver". Não percebia todas as implicações do que eu dissera, nem estava seguro de que a teologia implícita suportaria um escrutínio. Mas aquela explosão permaneceu comigo através dos anos e tenho meditado sobre seu significado de tempos em tempos. No processo comecei a formular uma convicção de que o amor de Deus não é utilitário; isto é, Deus não me ama ou a nenhuma outra pessoa para alcançar alguns outros propósitos. Nesta meditação quero destrinchar algo do significado desta convicção, movido por um número de experiências dirigindo retiros e dando direção espiritual.

Minha explosão juvenil foi causada pela compreensão de que muito do raciocínio que justificava pertencer a uma congregação religiosa supunha que entrar nela envolveria um grande sacrifício. Assim a vida tinha que ser justificada ou tornada palatável. Mas eu não sentia que minha vida implicava em mais sacrifício do que a de qualquer outra pessoa. Levando tudo em consideração, me sentia razoavelmente feliz e não trocaria minha vida pela de ninguém. Por isso sentia que o chamado para a vida jesuíta era um dom de Deus para mim, a maneira de Deus me amar. Colocando de outra maneira: sentia que Deus queria que eu fosse jesuíta porque esta era a melhor maneira de eu ser feliz e produtivo. Esta convicção não mudou desde então.

Que quer Deus de nós?

Com o passar dos anos, vim a acreditar que o que Deus quer de qualquer pessoa é amar-nos e criar amizade conosco. Creio também que, para nós, é muito difícil deixar Deus nos amar e receber amor. Resistimos fortemente às investidas do amor de Deus e a seus convites à amizade. Investiguei algumas das fontes desta resistência em três capítulos de *Paying Attention to God*[1]. Aqui desejo focar naquilo que agora creio que seja o desejo de Deus a nosso respeito.

Em *Let This Mind Be in You*, Sebastian Moore observa que o desejo de Deus nos cria. Deus deseja nossa existência e a cria, e assim nos tornamos desejáveis e belos diante de Deus. Ademais, Deus quer que descubramos a divina beleza e que nos deixemos atrair por ela. Mas isto só pode acontecer se nós próprios acreditamos e experienciamos que somos a menina dos olhos de Deus – na medida em que acreditarmos e experimentarmos que Deus nos acha desejáveis, nos apaixonaremos por ele.

---

1. Tradução brasileira: Barry, William A. *Dar atenção a Deus*. São Paulo: Loyola, 1996. (N. da R.)

Pessoas que permitiram que Deus demonstrasse esta espécie de amor por elas afirmam frequentemente que é um amor sem qualquer exigência, sem restrições. Este é um ponto difícil de entender, portanto vamos tentar ser claros. Com bastante frequência temos medo da proximidade de Deus porque tememos as exigências que virão: "Deus pode me pedir para ir para a Etiópia". Tanto quanto posso dizer, quando Deus se aproxima, uma lista de exigências ou condições para continuar próximo não faz parte do acordo. Por exemplo, Deus não parece dizer, "Sim, eu amo você, mas só vou continuar a amá-lo se você [preencha o espaço em branco]". De fato, Deus nem parece sequer dizer, "Eu o amo, mas só vou continuar a amá-lo se você parar com esse pecado específico". Deus parece ser exatamente o que a primeira carta de João diz, isto é, amor; e por sinal amor incondicional. Tudo que Deus parece querer é poder nos amar, ser próximo e íntimo nosso. Você já experimentou Deus desta maneira?

Deus não tem critérios?

Isto significa que Deus não tem critérios, não tem valores? De maneira alguma; mas aqueles que permitiram que Deus chegasse perto deles não entendem estes valores como exigências. Ao contrário, se veem desejosos de partilhar estes valores, de ser como Deus – não porque Deus exige que façam isto, mas porque eles se sentem mais felizes e mais vivos quando vivem de acordo com os valores de Deus. Por exemplo, percebo que sou mais feliz, mais vivo e tenho mais propósitos quando quero perdoar como Jesus perdoa, amar como Jesus ama.

Homens e mulheres casados frequentemente se sentem mais realizados quando permanecem fiéis a seus compromissos matrimoniais, mesmo quando a grama parecia mais verde alhures. Homens e mulheres em congregações religiosas descobriram que sua maior felicidade está em dedicarem-se de todo o coração às exigências de seus votos, mesmo quando as coisas já não parecem tão cor-de-rosa como antes. Muitos cristãos também descobriram que se sentem mais vivos e felizes quando se doam tanto quanto possível, de corpo e alma, vivendo e trabalhando com e para os pobres. Com certeza, às vezes, todas estas pessoas fraquejam e alguma sanção negativa os ajuda a manter o rumo – por exemplo, medo de ser humilhado ou de pecar e desapontar a Deus, ou medo do inferno. Mas no fundo a motivação para ir até o fim é o desejo de imitar a Deus, que os amou tão incondicional e fielmente. Em outras palavras, querem ser perfeitos como seu Pai celeste é perfeito (Mt 5,48). Para você isto faz sentido? Combina com sua experiência?

Com certeza nenhum de nós pode fazer isto. O pecado é uma realidade sempre presente, com a qual até o mais santo entre nós tem que lutar. Entretanto, aqueles que experimentaram Deus como amante não experimentam Deus como alguém que desdenha de sua pecaminosidade; ao contrário, Deus aparece como compassivo e paciente. Em seus melhores momentos, quando estão conscientes do amor de Deus, reconhecem que precisam apenas pedir perdão e cura por suas faltas e desejar que seus corações sejam mais como o coração de Jesus. E conseguem esperar que uma contínua contemplação de Jesus venha a transformar seus corações quase que por osmose.

Jesus como a chave para entender o amor de Deus

Agora talvez tenhamos chegado à chave que abre a última porta ao discernimento. Cremos que Jesus é o ser humano perfeito, aquele que entende mais completamente o potencial da humanidade. Acima de tudo, qual foi o *insight* central que Jesus teve? Não foi que YHWH, o Criador do universo, é o Inominável, Insondável Mistério, é Abbá, querido Pai, querida Mãe, o próprio Amor? Na máxima medida possível para um ser humano, Jesus conhecia Deus e experienciou Deus como Amor.

Reflitamos um pouco sobre o batismo de Jesus no Jordão. Percebo que estou interpretando o texto, mas acho intrigante que os Evangelhos apresentem Deus dizendo a Jesus, "Tu és meu filho bem-amado. Em ti encontro o meu contentamento" (Lc 3,22). Isto acontece *antes* de Jesus ter começado seu ministério público. O que fez ele para ganhar tal elogio? Talvez "tudo" o que ele fez foi permitir a Deus que se aproximasse dele tanto quanto Deus queria; quem sabe, tudo o que fez foi ter permitido ser amado tanto quanto Deus queria amá-lo. Talvez Jesus seja tão amado por Deus apenas porque permitiu que Deus fizesse o que Deus sempre quis fazer: ser nosso amante por excelência.

É também intrigante especular que o ato salvífico fundamental de Jesus possa ter sido não morrer na cruz mas, em vez disso, aceitar o amor de Deus, tanto quanto é humanamente possível fazê-lo. Então o seguimento de Cristo pode significar não tanto praticar feitos heroicos, ou mesmo querer amar como Jesus ama, mas muito mais fundamentalmente desejar permitir-se ser amado tanto quanto Jesus foi e é amado. Talvez o mundo seja salvo quando houver uma massa crítica de pessoas que creem profundamente e experimentam o quanto Deus as ama.

Será esta uma espiritualidade "eu e Deus"?

O que venho dizendo pode parecer a alguns leitores como advogar uma espiritualidade "eu e Deus". É verdade que, em teoria, isto possa parecer muito narcisista. Mas, na prática, é exatamente o oposto.

Aqueles que se permitem ser amados por Deus descobrem, ao fazê-lo, que seu próprio amor e compaixão pelos outros aumenta enormemente. Esta transformação não acontece porque Deus exige tal amor da parte deles. De fato, sabem que durante anos têm tentado amar em resposta ao que entendiam como exigências de Deus: tomavam decisão após decisão e fracassavam miseravelmente. Agora, quase sem esforço, percebem seus corações se abrindo para os outros e especialmente para os mais necessitados. Estão eles próprios surpresos com o que está acontecendo nos seus corações. Quanto mais permitem serem amados incondicionalmente por Deus, mais amorosos se tornam. Você já observou algo assim na sua própria vida ou na vida de alguém que você conhece? E o amor destas pessoas, como o de Jesus, é um amor resistente. Falam a verdade, mas é uma verdade que não é desdenhosa ou iradamente exigente – pelo menos enquanto estão cientes de serem amados. Esta última observação é um necessário aceno ao realismo, pois mesmo os mais santos têm dias de que se arrependem. Além de falar a verdade, à medida que vão se conscientizando de que são seres sociopolíticos – isto é, pelo menos em parte, constituídos pelas instituições sociais e políticas nas quais nasceram ou entraram livremente – eles começam a dar passos para tornar estas instituições mais justas e solidárias, organizando, construindo relações, fazendo *lobbies* e protestando quando necessário.

Além disso, pessoas que permitem que Deus chegue perto percebem, sem autodesprezo, quanto estão e sempre estarão aquém de ser como Jesus. Sabem, através da experiência, porque os santos declararam tão veementemente sua pecaminosidade. Sentem repetidamente quanto Deus os ama, quanto Deus deseja cobri-los de amor, e se vêm se desviando, resistindo a estas investidas e recusando o convite à intimidade. Descobrem-se enigmas, porque a experiência da proximidade de Deus preenche seus desejos mais profundos, entretanto combatem esta proximidade. Apesar de saberem o quanto são pecadores, sabem também que Deus ainda os ama. Consequentemente se veem e a todos os seres humanos, mais e mais, através dos olhos compassivos de Deus. Isso faz sentido para você? Você mesmo já sentiu algum desses movimentos ou encontrou pessoas que agem desta maneira por causa de uma amizade crescente com Deus?

Uma defesa para não aceitar o amor incondicional de Deus?

Comecei a suspeitar que a ideia de que o amor de Deus é utilitário seria uma defesa para não se aceitar o amor de Deus. Se me convenço de que Deus me ama por amor a outras pessoas, então não preciso encarar a enormidade de ser amado por Deus só por quem sou. Muitas pessoas se defendem das plenas implicações do amor de Deus, se enxergando como um objeto daquele amor somente como parte de um grupo. Em outras palavras, Deus ama a todas as pessoas e eu estou também, por assim dizer, sob essa tenda. Ora, há uma verdade nesta ideia, mas posso usá-la para manter o amor de Deus muito impessoal e distante.

Assim também, Deus é mantido à distância se eu concebo o amor de Deus por mim como utilitário. "Deus me ama por aquilo que posso fazer pelos outros". É um jeito muito sutil de manter Deus à distância: "Deus não *me* ama tanto quanto ama a estas outras pessoas". Sou amado pelo que posso fazer por Deus. É bastante interessante que seja também um meio tanto de engordar meu ego quanto de ter certeza de nunca estar satisfeito comigo. Por um lado, percebo tudo que estou fazendo pelos outros; por outro lado sou constantemente lembrado do quanto existe ainda por ser feito, e posso também ser lembrado de que outros fizeram mais. Uma pessoa em um retiro, por exemplo, sentiu que se Deus realmente a amasse a usaria de maneiras mais importantes. Descobriu que tal raciocínio a infelicitava e mantinha Deus à distância. Talvez o peso do argumento até agora possa ser resumido pelo exemplo de um homem fazendo retiro. Pedro havia experimentado profundamente que Jesus sabia que ele era um pecador e seria sempre um pecador. Jesus comunicou de uma maneira gentil que Pedro o havia traído no passado e que o faria novamente no futuro. Entretanto Jesus olhou para ele com enorme ternura e amor. Pedro sentiu que Jesus lhe dizia: "Não há ninguém que eu ame mais do que a você, mas não amo a ninguém menos do que a você". Deus não ama algumas pessoas mais pelo que elas fazem ou farão. Deus apenas fica muitíssimo gratificado porque as pessoas acolhem este amor em suas vidas.

Então o que eu faço importa?

Se o amor de Deus não é utilitário, isso significa que não haveria sentido perguntar se Deus tem um propósito para mim, além de permitir que Deus me ame e que eu retribua seu amor? Se Deus continuar a me amar, quer eu me torne um médico, um carpinteiro, um trabalhador social ou um jesuíta, importa de alguma forma a Deus o que eu me torne, contanto que eu seja feliz? Para levar este tema um passo à frente:

se Deus vai continuar a me amar mesmo que eu continue a pecar, importa a Deus que eu pare ou não de pecar? Talvez João estivesse fazendo algumas perguntas deste tipo quando Jesus diz:

> Pois Deus amou tanto o mundo, que deu Seu Filho Único, para que todo o que crer nele não morra, mas tenha a vida eterna. Porque Deus não mandou o seu Filho ao mundo para condenar o mundo, mas para que o mundo seja salvo por ele. Quem nele crê não é julgado, quem não crê já está julgado, porque não acreditou no Nome do Filho Único de Deus. Este é o motivo do julgamento: a luz veio ao mundo e os homens preferiram as trevas à luz, porque suas obras eram más. Pois quem pratica o mal odeia a luz e não se aproxima da luz, para que suas obras não sejam descobertas; mas quem pratica a verdade aproxima-se da luz para que suas obras apareçam, porque são feitas em Deus. (Jo 3,16-21)

O grande estudioso das Escrituras Raymond Brown sugere que, embora Jesus não julgue, sua mera presença leva as pessoas a se julgarem. Em outras palavras, Jesus não condena, mas sua presença faz vir à tona o que as pessoas realmente são. Ele, a presença humana de Deus na Terra, ama as pessoas e quer o bem delas, realmente seu bem absoluto, que é a união com Deus, e ele continua a amar mesmo os que recusam o oferecimento. Eles se condenam. Vejamos para onde este caminho nos conduz.

Quando amamos as pessoas sem egoísmo (tanto quanto isto é possível a um ser humano), queremos o seu bem. Queremos que sejam tão felizes, realizadas, tão de bem com Deus e com o mundo quanto possível. Queremos que realizem plenamente todo o seu potencial. Fazendo o nosso melhor, não exigimos tudo isto como uma condição para o nosso amor, mas o desejamos porque amamos.

Se isso ocorre conosco, podemos imaginar o que Deus deseja. Na sua *Contemplação para Alcançar Amor*, Inácio de Loyola tenta nos ajudar a imaginar tudo o que o amor de Deus deseja. Numa frase comovente, diz: "Passarei pela memória os benefícios recebidos [...], ponderando com muito afeto quanto Deus nosso Senhor fez por mim, quanto me deu daquilo que tem, e consequentemente como este mesmo Senhor deseja dar-se a si mesmo, quanto dele depender, conforme os seus divinos desígnios" (*EE* 234)[2].

Deus cria um mundo que é "muito bom" (Gn 1,31) para nós, seus amados, aí vivermos. Deus quer que sejamos cocriadores de seu mundo em evolução. A imagem do Jardim do Éden no Gênesis é um símbolo maravilhoso do que Deus deseja para todos nós. Deus quer que vivamos em harmonia com e em reverência ao universo e tudo o que nele existe, porque este é o caminho para nossa maior felicidade e realização, como indivíduos e como irmãos e irmãs.

---

2. Salvo indicação contrária, os trechos dos *Exercícios Espirituais* (doravante *EE*) são retirados do seguinte volume: *Exercícios Espirituais de Santo Inácio*. São Paulo: Loyola, [14]2015. (N. da R.)

Ademais, escreve Inácio, Deus quer "dar-se a si mesmo, quanto dele depender". A limitação vem não apenas de nossa finitude, mas também de nossa perversidade. Deus, entretanto, não nos obriga a aceitar aquilo que é para o nosso bem.

E quanto ao castigo pelos pecados?

Deus nos castiga por nossa perversidade? Uma antiga tradição atribui à ira de Deus os desastres naturais. O Antigo Testamento está repleto de tais afirmativas, começando com o capítulo 3 do livro do Gênesis. No Novo Testamento perguntam a Jesus, "Mestre, quem pecou, este homem ou seus pais, para que ele nascesse cego?". Ele responde, "Nem este homem nem seu pais pecaram; ele nasceu cego para que as obras de Deus possam ser reveladas nele" (cf. Jo 9,2-3). Esta resposta é, no mínimo, enigmática, mas não desperta perguntas sobre atribuir desastres à ira de Deus diante do pecado.

Na hipótese que Deus seja amor, quero dizer que nós nos punimos ao nos afastarmos do amor de Deus. O amor de Deus permanece inabalável. Mas ódio, suspeita, preconceito e medo – esses e outros estados de espírito – são o produto de nossos pecados e dos pecados de nossos antepassados. E não são estados de ânimo a favor da nossa paz ou para a paz de nosso mundo. Em outras palavras, Deus nos fez irmãos e irmãs e desejou que vivêssemos em harmonia e mútuo amor, mas nós, seres humanos, desencadeamos sobre nós mesmos a desarmonia e a desconfiança que agora ameaçam o mundo como o conhecemos. E se alguém permanece intencional e perversamente separado do amor de Deus e do amor do vizinho, até o fim, então ele ou ela escolhe a infelicidade eterna. Entretanto, o amor de Deus não se transforma em outra coisa.

Mas e o homem cego de nascença? E a criança com síndrome de Down? E desastres da natureza tais como o tsunami de 2004, que levou centenas de milhares de vidas em um dia? Queremos saber por que tais coisas acontecem.

É fácil atribuir tais eventos a um castigo de Deus, ou ao destino, ou à estupidez das vítimas. Psicólogos sociais falam da hipótese do mundo justo ao descrever tais atitudes. As pessoas em geral sustentam que recebemos o que merecemos, porque é assustador demais pensar outra coisa. Se coisas ruins podem acontecer a pessoas boas e prudentes, poderiam acontecer comigo. Assim, trabalhando com a hipótese do mundo justo, procuro os erros que as pessoas cometeram que levaram aos desastres que lhes aconteceram.

Algumas destas calamidades podem ser causadas pela pecaminosidade ou estupidez humana numa certa época da história. Nos Estados Unidos e na América Latina as pessoas ainda experimentam os efeitos do mal da escravidão e de uma ávida colonização. Outras calamidades podem ser apenas acontecimentos fortuitos num mundo finito, como são os efeitos de desordens genéticas. Outras podem ser causadas pela perversidade de alguma outra pessoa, mas a vítima é aparentemente escolhida ao acaso: por exemplo, um motorista bêbado se joga ao encontro do carro de João Silva, mal tendo escapado de bater em outros dez e, de repente,

João morre e sua filha fica incapacitada para sempre, sem nenhuma culpa deles. A hipótese do mundo justo nos recorda os amigos de Jó ou os discípulos que perguntaram a Jesus sobre o pecado que fizera com que o homem nascesse cego. Não funciona no caso de vítimas inocentes de episódios acidentais, dos pecados atuais de outros ou dos efeitos de males históricos.

Como equacionar o amor incondicional de Deus com tais calamidades? Na prática, as pessoas que travam uma relação diretamente com Deus, e que encaram o mundo realisticamente, sentem que a hipótese do mundo justo é arrancada delas. Vêm que Jesus, o sem pecado, Filho amado, morreu de modo terrível e que nem raios e trovões derramaram vingança sobre seus matadores, tampouco o salvaram. Enquanto desenvolvem seu relacionamento com Deus, podem se encontrar furiosos com ele por causa do sofrimento aparentemente desnecessário que experimentam ou veem outros experimentarem. De um jeito ou de outro descobrem um Deus que está além do que nós concebemos como justiça, um Deus no qual podem ter esperança e para quem podem viver. Conseguem explicar isso não mais do que o autor do livro de Jó, mas certamente a resposta à pergunta do início não é aquela proposta pela hipótese do mundo justo.

Pessoas que desenvolveram tal relação com Deus experimentam o profundo mistério da criação e cocriação. Ao amar, Deus traz à existência não só as estrelas no céu que tanto nos deslumbram, à noite, mas também o vulcão que entra subitamente em erupção e engole uma cidade inteira, matando vinte mil pessoas, sendo que Deus criou estas pessoas por amor. Por amor, Deus traz à existência não só Jesus e Maria, Francisco de Assis, Teresa d'Ávila e as belas pessoas que nos amaram durante nossas vidas, mas também Herodes e Herodíades, Gengis Khan, Lucrécia Bórgia, Adolf Hitler e os torturadores de prisioneiros políticos de nossos dias. As pessoas que encontram este Deus num nível profundo percebem uma compaixão sem fim e dor no coração do mundo e, contudo, uma esperança vibrante pela vida. Tornam-se elas próprias mais compassivas e apaixonadas. Talvez entendam agora que não foi uma bravata que manteve os mártires jubilosos durante seu sofrimento e sua morte. Talvez também possam entender como os mais pobres dos pobres ainda são capazes de tremendos atos de generosidade para com seus companheiros sofredores, assim como podem compreender a grande crueldade de que também os pobres são capazes.

Até este ponto nós trilhamos nosso caminho fora do aparente dilema da coexistência do amor incondicional de Deus com o castigo pelo pecado e o inferno. Vimos também um modo de explicar o chamado à conversão do pecado. Deus quer o melhor para nós e esse melhor inclui nos afastar do pecado em direção a uma vida que seja consoante com uma relação de amor mútuo com o Senhor. O pecado não produz felicidade, harmonia ou paz de espírito. Também não cria relações harmoniosas entre pessoas ou instituições políticas, sociais e religiosas que trabalhem em prol de relações harmoniosas e justas. Assim, o amor de Deus por nós deseja que sejamos convertidos para querer e realizar o que Deus deseja.

Note, contudo, que Deus não faz de tal conversão uma condição para continuar a nos amar. Deus deseja tal conversão para nosso bem, mas não a exige como moeda de troca do seu amor. Estou fazendo algum sentido para você?

E quanto ao discernimento da vontade de Deus?

Passemos ao tema do discernimento da vontade de Deus, principalmente porque diz respeito à questão da vocação para um modo de vida. Os católicos tradicionalmente acreditaram que Deus tem um plano para cada pessoa: Deus chama alguns para a vida religiosa ou sacerdotal e outros para o estado de casados. Para falar a verdade, o termo *vocação* ficou mais frequentemente restrito à vida religiosa ou sacerdotal. "Ele tem uma vocação", em círculos católicos, era sinônimo de que um indivíduo se sentia chamado a essa vida. Mas um uso mais cuidadoso da linguagem também enxergou a vida matrimonial como um chamado. Um problema posterior, certamente, é que esta linguagem deixou no limbo aqueles que ficam solteiros (nem religiosos ou padres), voluntariamente ou não. De qualquer maneira, será que Deus chama pessoas para um determinado tipo de vida? E se assim for, como esse chamado está de acordo com a natureza não utilitária do amor de Deus?

Voltemos novamente à ideia de que o amante quer o bem do amado. Vou usar o caso de Inácio de Loyola ao ilustrar um modo de compreender o chamado de Deus em termos de amor, sem que esse amor se torne utilitário.

Inácio era encrenqueiro, ambicioso, vaidoso, corajoso, um homem que sonhava em realizar grandes façanhas. Em Pamplona, de acordo com seu próprio relato, ele era o foco de união da resistência à ofensiva francesa. Quando foi gravemente ferido na perna, os defensores imediatamente se renderam. Parece que Deus usou esta linha torta para escrever certo. Durante sua longa convalescença, como mencionei no capítulo anterior, Inácio se dedicou a sonhar acordado. Sonhava em realizar grandes feitos de cavaleiro para conquistar fama, honra e o favor de uma grande dama. Estes devaneios o absorviam por quatro ou cinco horas a cada vez. Depois que leu os únicos livros à mão, uma vida de Cristo e um livro de vidas de santos, ele começou a sonhar em fazer o que Domingos e Francisco tinham feito e novamente ficou absorvido durante horas. Note que em ambos os casos seu ardor, ambição, coragem e mesmo sua vaidade, estavam operando. Finalmente, depois de algum tempo alternando sonhos, começou a notar uma diferença. Quando sonhava em realizar grandes feitos mundanos, no momento sentia-se muito bem, mas depois ficava apático e desconfortável. Mas com os sonhos de seguir Jesus ele se sentia ótimo durante e depois. Para Inácio este foi o começo da própria descoberta do discernimento dos espíritos, um discernimento que eventualmente o conduziu a fundar a Companhia de Jesus, com enormes consequências para a Igreja e para o mundo – e para não poucos indivíduos que em quase 500 anos se juntaram à Companhia.

Como compreender a história desta vocação? Eu diria que o amor de Deus por Inácio envolvia o desejo que Inácio usasse suas grandes energias, seu ardor e sua ambição de maneiras que ele fosse o mais feliz, o mais realizado e o mais útil aos outros quanto fosse possível. Creio que para Deus era muito importante a maneira como Inácio usasse seus talentos, em primeiro lugar pelo seu próprio bem, mas também pelo bem dos outros a quem Deus amava. Entretanto, Deus não teria amado menos Inácio se ele tivesse perdido a oportunidade de discernimento e tivesse prosseguido no seu caminho em direção à realização mundana. Mas Deus poderia ter ficado muito triste se Inácio não tivesse escolhido o que lhe traria maior felicidade e paz. Mais tarde, na vida, Inácio poderia ter sentido tristeza enquanto ponderasse sobre como sua vida havia sido depois de sua recuperação. Somente Deus poderia nos amar a ponto de nos permitir a liberdade de recusar tudo o que Deus quer nos dar, e continuar nos amando incondicionalmente, mesmo quando fazemos essa opção.

Parece-me que uma consistente adesão ao significado central do Novo Testamento – de que Deus é nosso Abbá, nosso Pai querido – não nos força a abrir mão de nenhuma verdade da fé e tem vantagens diversas. As páginas anteriores mostraram algumas maneiras de compreender verdades tradicionais, mantendo presentes em nossas mentes que Deus é amor incondicional. Tal compreensão demonstra uma conexão intrínseca entre o amor de Deus e a busca pelo desejo de Deus. Porque Deus me ama, Deus quer o melhor para mim. Porque e na medida em que eu amo a Deus, eu quero o melhor para Deus; isso parece ser que eu aceite o amor de Deus e viva de acordo com o reinado que Jesus pregou.

O modo de vida que Deus quer para mim é a melhor maneira para eu receber o amor de Deus e ser um cocriador. Consequentemente, em meus melhores momentos, tento, tanto quanto posso, discernir aonde esse amor me dirige. Não tento encontrar a vontade de Deus por medo que, caso contrário, ele me castigue, mas por receio de que me escape a maneira que permitirá que Deus me conceda mais de si próprio. Tento, também, encontrar a vontade de Deus, porque eu sei que Deus deseja maior bem para todos aqueles que vou tocar na minha vida. Isso faz sentido para você? Espero que sim.

Uma última questão

Há uma última questão. Suponha que os olhos de Inácio não se tivessem aberto durante sua convalescença e que ele tivesse continuado com suas façanhas mundanas. Teria tido outra chance? Isto é, certamente, uma pergunta irrespondível. Mas Deus certamente continuaria a amá-lo e nós presumimos que continuaria a chamá-lo a uma conversão radical do coração. Se, mais tarde na vida, seus olhos se abrissem, ele poderia ter que se reconciliar com essas anteriores oportunidades perdidas. O arrependimento seria necessário, mas chafurdar no leite derramado não seria uma resposta apropriada ao amor de Deus. Conversão significa aceitar meu passado precisamente como tal, isto é, tanto como meu quanto como "passado", e me render livremente ao novo e misterioso futuro oferecido pelo amor de Deus agora.

Mas um momento histórico certamente se teria perdido se Inácio tivesse tomado um caminho alternativo em vez do que tomou. Nossas escolhas têm consequências. Assim, nos cabe a todos que estamos ante sérias escolhas de vida que nos tornemos cristãos de discernimento. Consequências históricas podem estar em jogo.

Precisamos estar atentos porque há uma força dentro de nós que odeia a luz, que parece querer frustrar todo o desejo amoroso de Deus de se doar. Precisamos estar alertas para discernir a presença dessa força, mas também para confiar nos variados ditos que através dos tempos deram esperança às pessoas, como: "Isto é impossível aos homens, mas não a Deus: porque a Deus tudo é possível" (Mc 10,27), ou "Basta-te minha graça: porque o meu poder chega ao auge na fraqueza" (2Cor 12,9).

5
O reino de Deus e o discernimento

Se o amor de Deus não tem uma finalidade utilitária, o que significa o reino de Deus que Jesus pregou? Deus não quer que contribuamos para este reino? Durante o percurso de estudar o significado bíblico da frase "o reino de Deus", tive uma ideia que pode interessar aos leitores e ser um estímulo para seu discernimento de como viver sintonizados com Deus.

Estudiosos do Novo Testamento concordaram que o ponto fulcral da pregação de Jesus era o reinado ou reino de Deus, mas não é tão fácil saber o que Jesus entendia por essa frase. Kenneth Leech, em *Experiencing God: Theology as Spirituality*, crê que os fatos podem ser melhor compreendidos numa série de negações. Primeiro, o reino de Deus no Novo Testamento não é uma esperança do outro mundo, um paraíso povoado das almas dos que foram salvos. Quando Jesus diz, "Meu reino não é deste mundo", ele não quer dizer que está ou estará localizado num outro lugar, e sim que suas origens e valores são de Deus e são imanentes (neste mundo) somente como transcendentes (não deste mundo). Na verdade, quando se tornam imanentes, encontram oposição e luta, precisamente porque não são deste mundo.

Segundo, o reino de Deus não é visto como um movimento evolucionário gradual. Repentina e surpreendentemente têm mais o sabor das parábolas do reino de Jesus. Tem-se a impressão de que as pessoas ficarão chocadas quando descobrirem o que o reino de Deus significa e quem realmente aceita aquele reino, tanto quanto a sra. Turpin, no conto "Revelation" de Flannery O'Connor, fica chocada por sua visão de uma vasta ponte que balança:

> Sobre ela uma grande horda de almas estava ribombando em direção ao céu. Havia grupos inteiros de "lixo branco", limpos pela primeira vez em suas vidas, e bandos de negros em vestes brancas e batalhões de aberrações e lunáticos gritando e batendo palmas e saltando como sapos. E fechando a procissão havia uma tribo de pessoas que ela imediatamente reconheceu como aqueles que, como ela e Claud, haviam sempre tido um pouquinho de tudo e a inteligência dada por Deus para usar corretamente. [...] Estavam marchando atrás dos outros com grande dignidade, responsáveis como sempre tinham sido por boa ordem e bom senso e comportamento respeitável. Só eles estavam sintonizados. Entretanto ela podia ver através de seus rostos alterados que até suas virtudes estavam sendo consumidas pelo fogo. (*The Complete Stories*, 1987, 508)

Terceiro, o reino de Deus não é uma experiência individual, interior, sem relação com mais ninguém. É, com certeza, uma experiência interior, mas uma experiência que depende da comunidade e tende para a formação de comunidade.

Quarto, o reino de Deus não é completamente futuro. É tanto presente como é futuro. Na pregação de Jesus o reino de Deus é não só "agora" como "ainda não".

Finalmente, é preciso enfatizar que o reino de Deus não é o mesmo que a Igreja. A Igreja proclama o reino e é um sacramento do reino, mas não é o próprio reino. Tampouco ser membro da igreja como tal é garantia de estar finalmente sob o reinado de Deus.

Posto afirmativamente, então, o reino de Deus é imanente neste universo, contudo transcendente; é presente e ainda não presente; é e será experienciado como uma surpreendente e perturbadora presença; é imanente em indivíduos, mas somente como parte de uma comunidade, e é apenas pressagiada pela Igreja mesmo estando presente nela. Na verdade, o reino de Deus parece apresentar todas as características de Deus, o Criador e Senhor do universo, que é ao mesmo tempo transcendente e imanente ao universo e que é experienciado por indivíduos numa comunidade.

Partindo desta compreensão do reino de Deus, é óbvio que nós não construímos, nem mesmo ajudamos a construir, o reino. Somente Deus realiza o reino de Deus, ou colocando ainda mais forte, só Deus é Deus, o reino de Deus. A pergunta é: "Nós temos algum papel a desempenhar?".

O desejo de Deus

Embora o reino de Deus seja equacionado com Deus, não haveria necessidade desse conceito se não existisse um universo criado. Podemos compreender o reino de Deus como a intenção de Deus para o universo, ou melhor, como a ação única de Deus, que é o universo. Esta última frase é emprestada das *Gifford Lectures*[1] de John Macmurray, de 1953 e 1954 (*The Self As Agent* e *Persons in Relation*). De acordo com Macmurray, qualquer ação de uma pessoa é guiada por uma intenção. Por exemplo, eu pretendia escrever este livro. Essa intenção transforma escrever este livro, com tudo que isso envolve, numa ação. Sou imanente nesta primeira ação, mas sou também transcendente a ela. Eu me expresso, mas não sou o livro. Assim, Macmurray defende também que só se pode pensar no universo como uma ação de Deus informada por uma intenção. Rowan Williams, o atual bispo de Canterbury, escreve em *On Christian Theology* a respeito da ação criadora de Deus: "O que Deus profere […] é Deus: as ordens para que o mundo exista, e para que encontre sua fruição em estar na presença de Deus, coloca 'fora' de Deus o tipo de vida que é de Deus" (2000, 73-74). Da mesma maneira que nós seres

---

1. As *Gifford Lectures* são um ciclo de palestras anuais, relacionando ciência e teologia, que acontecem em algumas universidades da Escócia (Aberdeen, St. Andrew's, Edinburgh, Glasgow). A partir desse ciclo de palestras são publicados volumes tais como *Genes, determinism and God* (2017), de Denis Alexander (tradução brasileira: *Genes, determinismo e Deus*. Trad. Cecilia C. Bartalotti. São Paulo: Loyola, 2024). (N. da R.)

humanos somos imanentes, e, entretanto, transcendentes às nossas ações, assim também, e *a fortiori*, é Deus. A ação única de Deus inclui todos os eventos (coisas que apenas acontecem) e ações (coisas que as pessoas fazem) que constituem a história do universo.

Do mesmo modo que você não pode saber as intenções de minhas ações a menos que eu as revele, *a fortiori*, nós não podemos conhecer a intenção de Deus a menos que Deus a revele. Mesmo então as conheceremos apenas às escuras e pela fé. Então a pergunta é, "Deus revelou sua divina intenção para o universo?". Pelo menos podemos dizer que Deus revelou aquela intenção para o nosso mundo, o que quer que se possa dizer em relação a todo o universo. Esta intenção parece ser que todos os seres humanos vivam como irmãos e irmãs numa comunidade de fé, esperança e amor, unidos a Jesus Cristo como filhos e filhas de Deus, nosso Pai, e em harmonia com todo o universo criado: "Bendito seja Deus, Pai de nosso Senhor Jesus Cristo" que "nos manifestou o mistério da sua vontade, segundo o plano benévolo que com antecedência tinha formado em Cristo, para realizá-lo quando chegasse o fim dos tempos, isto é, recapitular em Cristo todas as coisas no céu e na terra" (Ef 1,3.9-10).

Esta noção do universo como ação única de Deus parece coincidir com as características do reino de Deus já enumeradas. É imanente e, contudo, transcendente; é deste mundo, sendo uma ação de Deus; é uma surpreendente e mesmo chocante presença porque inclui o mundo inteiro e exige a quebra de todas as divisões sectárias e nacionais. É vivenciado somente na comunidade e, de fato, ainda não foi realizado enquanto qualquer indivíduo ou grupo estiver em princípio excluído da comunidade; é bem óbvio que o reino não é tão simplesmente equacionado com a Igreja – mesmo que a Igreja seja concebida como a união de todas as igrejas cristãs –, porque a ação única de Deus inclui o mundo inteiro e seu povo.

Nosso papel no que Deus deseja

Mas a questão do nosso papel nesta ação única de Deus ainda deve ser abordada. Se não construímos o reino de Deus – isto é, se não construímos ou criamos a ação única que Deus intenta – o que fazemos ou o que podemos fazer? Se o universo é ação única de Deus, então nossas próprias ações podem estar ou não em sintonia com esta ação única. Na medida em que nossas ações podem estar em sintonia, ficamos satisfeitos e realizados; na medida em que não estão, nós estamos e ficaremos frustrados em nossas intenções. Em outras palavras, a intenção única de Deus será alcançada porque Deus é Deus. Podemos estar mais ou menos satisfeitos na vida dependendo se estamos e como estamos sintonizados com a ação única de Deus. E, uma vez em sintonia, o reino de Deus está imanente em nós. Na medida em que estamos em sintonia com a ação única de Deus, nossas ações, pela graça de Deus, visam uma comunidade de todas as pessoas e tentam fazer que brote essa comunidade. Tentamos, com a graça de Deus e em circunstâncias concretas de nossas vidas, cooperar com outras pessoas para superar medos e ódios e criar uma atmosfera e instituições sociais nas quais homens e mulheres são capacitados para viverem juntos como irmãos e irmãs.

Esse é o nosso papel. Para sermos realizados e profundamente felizes nesta vida, precisamos deixar nossos corações se tornarem sintonizados com a ação única de Deus, deixar que a intenção de Deus para nosso mundo guie nossas ações. Oração, reflexão disciplinada e discernimento são então urgentemente requeridos, não para construir o reino, mas para saber onde ele está e como devemos nos encaixar nele, e para sermos verdadeiramente felizes. Autores espirituais tradicionalmente têm falado de discernimento como sendo encontrar a vontade de Deus. Se olharmos o desejo de Deus como a intenção que revela a ação única de Deus na criação, podemos, talvez, ser capazes de alargar nossa compreensão do que discernimento significa.

Discernimento do desejo de Deus para nós

Antes de tudo, cristãos que ainda não fizeram um compromisso para um modo de vida na Igreja (as vocações para casamento, vida religiosa, vida presbiteral, ministério leigo, trabalho missionário, ou uma profissão, por exemplo), têm a oportunidade de discernir, para eles, que meio de vida está mais em sintonia com a ação única de Deus, levando em conta seu temperamento, talentos, educação, restrições sociais e escolhas anteriores na vida. A questão do discernimento se reduz a que modo de vida é, para mim, mais realizador, desafiador e satisfatório porque, quanto mais eu me encontrar em sintonia com a ação de Deus, mais profundamente satisfeito estarei.

Segundo, independentemente do modo de vida que eu tenha escolhido – não importa se foi uma escolha bem discernida ou não –, me deparo a cada dia com infinitas escolhas sobre como viver minha vida, algumas delas triviais e outras mais substanciais, até mesmo relevantes: "Devo pedir um aumento a meu chefe?" "Devo falar com as crianças sobre meu diagnóstico de câncer?" "Vamos ter bolo de carne para o jantar?" "Devo falar com João sobre seu hábito com a bebida?" "Devo conversar com Helen sobre como ela me deixou zangado ontem à noite?" "Devo aceitar o emprego novo que me ofereceram?" "Como vou votar na eleição de hoje?" Estas e muitas outras escolhas nos confrontam diariamente. Uma vez mais, ao responder às mais substanciais, podemos estar mais ou menos em sintonia com a ação única de Deus. Para nos tornarmos discernidores, precisamos praticar uma atenção orante aos movimentos de nossos corações, uma reflexão orante sobre eles e uma honesta avaliação do que parece mais de acordo com a ação única de Deus. O que conduz a uma maior fé, esperança e amor em nossos corações? O que parece mais provável de realçar comunhão real e comunidade entre aqueles com quem vivemos e trabalhamos? De modo inverso, que alternativa parece nos fechar em nós mesmos e nos tornar mais temerosos e autoprotetores? Um exame de consciência diário, como o que mencionei ao final do capítulo 3, gradualmente nos torna mais apuradamente sintonizados em relação a que escolhas estão mais alinhadas com o reino de Deus. Tornamo-nos mais perceptivos em relação ao lugar onde o reino está presente.

Finalmente, vivemos num mundo de instituições sociais, políticas, econômicas, culturais e religiosas, que são criações humanas e que condicionam nossas vidas e nossas escolhas. Por exemplo, há cinquenta anos uma cultura católica romana dominava as vidas da maioria dos católicos a ponto de esses nunca seriamente questionarem se comer carne deliberadamente na sexta-feira merecia condenação eterna. Outro exemplo é que luxos de vinte anos atrás são hoje necessidades: "Preciso de meu computador para escrever este livro", "Não poderia viver num lugar sem água quente encanada", "Precisamos ver as notícias da noite na televisão", e "Ninguém pode ficar sem um *smartphone*". Além disso, estereótipos culturais condicionam a maneira como nós reagimos a pessoas de diferentes origens étnicas. Estes exemplos ilustram como as instituições sociais e culturais e os hábitos, que são criações humanas, nos condicionam.

Enquanto criações humanas, estas instituições e costumes não estão automaticamente em sintonia com a ação única de Deus, que é o reino. Como cristãos, somos chamados a discernir nesta área assim como em nossas vidas pessoais e interpessoais. Que estruturas, por exemplo, em nossa Igreja e nossas igrejas, militam contra a intenção de Deus para uma comunidade universal de irmãos e irmãs? Um claro exemplo é a exclusão racial ou étnica. Igrejas segregadas obviamente não estão onde o reino de Deus se faz presente. Mas poderíamos perguntar se as estruturas que sistematicamente excluem mulheres do ministério da palavra e do altar (por exemplo, a proibição de haver mulheres diaconisas e padres) estão em sintonia com a intenção de Deus.

No âmbito social e político devemos discernir se as instituições que os seres humanos criaram estão em sintonia com a ação única de Deus. Os bispos dos Estados Unidos, por exemplo, fizeram precisamente esta pergunta com relação à política de armas nucleares (em maio de 1983) e a estrutura econômica e política dos Estados Unidos (em janeiro de 1987). Os cristãos precisam fazer tais perguntas a respeito do sistema de saúde pública de seus países e a respeito de sua política externa, entre outras coisas. Em nível local, as comunidades eclesiais de base da América do Sul fazem tais perguntas sobre estruturas sociais, econômicas e políticas que impingem sobre a vida do povo e tornam menos ou mais possível a eles viverem como irmãos e irmãs no Senhor.

Nestas e em muitas outras instâncias, o discernimento é muito difícil e carregado de potencial para conflito. Requer muita oração, leitura, reflexão e diálogo do povo de Deus e por entre todas as pessoas de boa vontade. Há de fato instâncias em que o processo funcionou e instituições mais receptivas aos valores do reino foram criadas. Um exemplo recente ocorreu na África do Sul, onde a comissão de Verdade e Reconciliação, presidida pelo Arcebispo Desmond Tutu, ajudou aquele país dividido por discórdia a uma transição relativamente pacífica do *apartheid* a uma democracia multirracial, como está detalhado no livro de Tutu, *No Future Without Forgiveness* [Nenhum futuro sem perdão].

O exemplo de Jesus

Jesus foi o ser humano mais perfeitamente em sintonia com a ação única de Deus e, assim, nele o reino de Deus estava presente de forma preeminente e única. Mas o "ainda não" estava também em evidência, porque ele não conseguia persuadir mesmo seus seguidores mais próximos que estar em sintonia com a ação única de Deus era para seu bem, não obstante as consequências. Seus medos e preconceitos se interpunham. Mais cedo percebemos, com Kenneth Leech, que o reino de Deus não é um movimento em evolução. Essa verdade dificilmente está ameaçada, como não podemos dizer sinceramente que uma porcentagem maior de pessoas estejam sintonizadas em nossos tempos com a ação única de Deus, em relação ao tempo de Jesus. Mesmo os mais santos entre nós, e talvez principalmente os mais santos, sabem quão longe estão de estar inteiramente em sintonia com a ação única de Deus. Um breve exame de consciência e uma olhada no jornal ou mesmo nas notícias noturnas nos revelarão, como indivíduos e como comunidades, quão distante estamos de estar sintonizados com a ação única de Deus. Essa distância é tão estarrecedora que daria para nos fazer cair em desespero. Pergunto-me se o "pão e circo" de nosso tempo – por exemplo, a loucura de muita da nossa diversão; nosso notável consumismo, o abuso de álcool, drogas e sexo – não são maneiras de protelar o olhar honesto que poderia levar ao desespero.

Mas Jesus olhava a realidade de frente como nenhuma pessoa o fizera antes, e não se desesperava. Deve ter vislumbrado o reino de Deus, o poder do amor que vence o medo e o ódio, e colocado sua fé naquele poder. Sabia que os poderes das trevas tentariam apagar a luz, mas confiava que não prevaleceriam. Podiam parecer prevalecer, mas a luz de Deus (a ação) não seria extinta. Numa frase incisiva em *Persons in Relation*, John Macmurray diz, "A máxima da religião ilusória diz: 'Não tema; confie em Deus e ele fará que nenhuma das coisas que você teme lhe aconteçam'; a da religião verdadeira, ao contrário, diz 'Não tema; as coisas que você teme muito provavelmente lhe acontecerão, mas não são nada para se temer'" (1991, 171).

Jesus foi agredido por todos os poderes do mal. Como qualquer ser humano, temia o sofrimento e a morte. Desejava que seus irmãos e irmãs judeus acreditassem e confiassem em Yahweh como Abbá, portanto não podia estar satisfeito com a rejeição deles. Queria Judas como um amigo e companheiro e deve ter se retraído ao receber o beijo da traição. Mas confiava que Abbá iria acompanhá-lo, então, em última instância, estes males não eram para serem temidos. Nós também podemos suplicar a Jesus que nos ajude a confiar em Deus e a nos mostrar como crescer mais e mais sintonizados com o reino de Deus, mais capazes de discernir a presença daquele reino em nosso mundo. Ao mesmo tempo, pode nos ajudar a reconhecer que cada discernimento não passa de um lampejo, um primeiro contato com o reino que é a culminação da intenção de Deus de unir todas as coisas em Jesus.

Enquanto você considera esta meditação, isto lhe parece verdade? Em que ponto você tem perguntas e objeções? Tais perguntas e objeções podem lhe oferecer algum material de reflexão para sua conversa contínua com seus amigos e com Deus.

6

União com Deus ou encontro com a vontade de Deus?

Nos dois capítulos anteriores, refletimos sobre discernimento e o reino de Deus e sobre a intenção de Deus ao criar o mundo. A questão do nosso papel no projeto de Deus na criação remete a um ponto de discussão que, no passado, causou divergências entre autores de textos espirituais. Argumentamos que o amor de Deus não é utilitário. Deus somente nos ama e quer nossa amizade. Esse amor não tem como condição nós aderirmos ou não a um plano. Este argumento nos conduziria à conclusão de que práticas espirituais deveriam ter como propósito a união ou amizade com Deus. Entretanto, no decorrer da história cristã, as práticas espirituais tiveram como finalidade descobrir a intenção de Deus, o que faz parecer que o amor de Deus é de fato utilitário. Deus tem um desejo e quer que nós o descubramos. Nesta meditação, quero oferecer uma solução para esta divergência, que apontará para o estilo de vida sadio previsto pelas práticas espirituais.

O argumento sobre o propósito de práticas espirituais se revela entre autores jesuítas que discordam a respeito do propósito dos *Exercícios Espirituais*. O propósito é união com Deus ou tomar uma decisão sobre como viver sua vida (encontrando o desejo de Deus?). Encontrar o desejo de Deus com frequência pareceu ser uma missão para descobrir o que Deus quer que eu realize ou me criou para realizar. Nesse caso não estamos longe de desenvolver uma imagem de Deus como o Planejador Chefe que quer que as pessoas se encaixem no seu plano geral. Esta imagem faz Deus parecer bastante impessoal. Se o propósito da vida espiritual é atingir a união com Deus, então não estamos longe de desenvolver uma imagem de Deus como um amante que quer nos segurar num abraço. Esta imagem preocupa gente que acredita que Deus quer que tentemos tornar o mundo um lugar melhor. Ambas as imagens têm uma longa história e podem ser defendidas como ortodoxas, mas ambas deixam algo a ser desejado com relação à prática cristã completa. Existe uma maneira de compreender a vida espiritual cristã que una estas duas teorias que parecem competir?

A ação única de Deus

Com bastante frequência a busca do desejo de Deus pressupõe um projeto divino que existe desde toda eternidade e estranhamente deixa Deus fora da ação que envolve pôr em prática esse projeto. O projeto é eterno; nossa tarefa é descobrir nossa parte no plano com a ajuda do Espírito Santo. Mas com frequência não nos referimos à atividade contínua de Deus na criação, quando tentamos descobrir qual a nossa parte. Para iniciar minha resposta à pergunta "União com Deus ou encontrar a vontade de Deus?", quero oferecer uma maneira de enxergar a criação não como uma ação que aconteceu uma vez, no passado distante, mas como a ação de Deus em curso.

Como escrevi no capítulo anterior, podemos seguir o pensamento de John Macmurray e pensar no universo como uma ação divina governada por uma intenção. Para ter uma ideia do que quero dizer, tente pensar numa decisão grande que você tomou, como casar-se, criar uma obra de arte ou dar um curso sobre mecânica de automóveis. Cada uma destas decisões pode ser vista como conduzindo a uma muito complexa e multifacetada ação única. No capítulo anterior me referi à ação de escrever e publicar este livro para transmitir o sentido do que quero dizer por ação única. Esta única ação de publicar um livro é governada por minha intenção de escrever um livro que ajudará pessoas com sua oração, e isto inclui muitas outras ações e fatos que vão ocorrer durante um período de tempo relativamente longo. A ação termina quando o livro é publicado e outros o leem, porque minha intenção ao escrever o livro é que tenha efeito sobre os leitores. Você poderá querer elaborar alguns dos componentes da ação abrangente que você empreendeu. Perceberá quão complexa e longa esta ação única é no tempo. Agora vamos usar a analogia de nossa ação única e aplicá-la à ação única de Deus, que cria e sustenta nosso universo.

Pense neste vasto, misterioso universo como ação única de Deus. Esta única ação inclui todos os eventos que ocorreram e ainda ocorrerão durante a existência dele: a evolução das galáxias; as incontáveis colisões de matéria; o desenvolvimento de sistemas planetários, inclusive o nosso; e finalmente nosso próprio planeta girando em torno do sol, tornando assim possível à terra evoluir em vida vegetal, animal e humana. Considere todo este universo complexo como uma ação de Deus. Se Deus tivesse parado de agir, o universo cessaria de existir. Esta ação única existe porque Deus quer que exista e *unicamente* porque Deus quer que ela exista. A todo momento, a existência do universo depende do tênue fio, por assim dizer, do desejo de Deus.

Com a chegada de seres com intelecto e vontade (seres pessoais), a ação criativa de Deus inclui as ações de todos estes seres pessoais que jamais existiram ou virão a existir. Suas ações, como a ação única de Deus, são governadas por propósito ou intenção. Consequentemente, a ação única de Deus inclui todas as ações intencionais que jamais existiram ou existirão dentro desta ação única, quer essas ações estejam ou não em sintonia com a intenção de Deus. Quando pensamos em criação nesta linha, a complexidade e enormidade do que a ação de Deus implica desconcerta nossas mentes. Nunca poderemos compreender o mistério desta criação.

A intenção de Deus ao criar

Por que Deus cria este universo? Como qualquer ato pessoal, a atividade criadora de Deus tem um propósito ou intenção. Mas, como dito no capítulo anterior, só podemos conhecer a intenção de alguém se aquela pessoa decide revelá-la. Posso intuir sua intenção ou propósito, mas só posso ter certeza do que você pretende se você me comunicar sua intenção. Só podemos conhecer a intenção de Deus ao criar o universo se Deus escolher revelá-la. Acreditamos que Deus revelou mais claramente seu propósito através da interação com um povo em particular, o povo de Israel, e por fim e definitivamente em um membro daquele povo, Jesus de Nazaré. Acreditamos que a Bíblia é um registro da interação de Deus e autocomunicação, e que através da reflexão sobre a Bíblia podemos conhecer o propósito ou intenção de Deus ao criar nosso mundo. Qual é esta intenção?

Passei a acreditar que Deus, de qualquer maneira, ao criar nosso planeta, quer a amizade e a cooperação de todos os seres humanos. Em outras palavras, Deus cria este universo, no qual seres humanos evoluem, em prol de nossa amizade e cooperação. Esta tese parece humanamente egocêntrica, mas nós temos que lembrar aquilo em que acreditamos, a saber, que Deus se tornou humano e viveu e morreu "por nós e para nossa salvação", como dizemos em nosso credo. No Evangelho de João lemos, "Pois Deus amou tanto o mundo, que deu Seu Filho Único, para que todo o que crer nele não morra, mas tenha a vida eterna" (Jo 3,16), e adiante "A vida eterna consiste em que te conheçam a ti, verdadeiro e único Deus, e a Jesus Cristo, teu enviado" (Jo 17,3). O verbo *conhecer*, na frase anterior, se refere ao conhecimento do coração, o tipo de conhecimento que amigos experimentam entre si. Nossa crença na encarnação implica acreditar em um tipo especial de relação entre Deus e os seres humanos. Pode parecer egocêntrico os seres humanos chegarem a esta conclusão, mas este parece o sentido claro da revelação de Deus. Você está me acompanhando até aqui?

Se a criação é uma ação de Deus governada por uma intenção, então Deus está sempre ativo na criação, não só sustentando a ação única que é a criação, mas também o fazendo intencionalmente. Isto é, Deus sempre está trabalhando para fazer que se concretize sua intenção nesta ação única que é o mundo. Se, portanto, Deus cria nosso mundo para atrair todos os seres humanos à amizade com Deus, então Deus está sempre perseguindo ativamente este propósito. Com esta compreensão podemos repensar o sentido de união com Deus de um modo que inclua encontrar a vontade de Deus.

União com Deus significa encontrar a vontade de Deus

Deus convida a nós, seres humanos, para a amizade. Mas amizade e cooperação não podem ser coagidas. Deus não pode ter o que quer sem nosso consentimento, sem nosso livre engajamento na amizade. Deus se torna vulnerável a esse ponto ao criar este universo. O propósito divino depende da cooperação e amizade humanas. Um verso inquietante, no poema "Annunciation" ["Anunciação"] de Denise Levertov, revela essa vulnerabilidade: "Deus esperou" (*The Stream and the Sapphire*, 1997, 59). Deus aguardou a aceitação por parte de Maria, do mesmo modo que Deus espera a nossa.

Entretanto Deus trabalha ativamente neste mundo para nos atrair para tal amizade e cooperação. Nós cristãos atribuímos esta atividade ao Espírito Santo que move nossos corações e mentes a aceitar o oferecimento. União, portanto, é união com Deus ativamente tentando atrair todos os seres humanos para uma comunidade harmoniosa com ele, uns com os outros e com todo o cosmo criado, que é o ambiente no qual todos nós existimos.

Com esta linha de raciocínio, união não significa repousar no abraço de um Deus inativo. Parece mais um convite para uma atividade conjunta com Deus para atingir a intenção única de Deus em criar o universo. Estamos sendo convidados para uma amizade com Deus que o ajuda a realizar o seu desejo. Como com Maria, Deus aguarda nossa resposta. Deus não pode realizar o sonho sem nossa livre aceitação da oferta de amizade e cooperação.

No primeiro capítulo do Gênesis, lemos que os seres humanos são criados à imagem e semelhança do próprio Deus e recebem o domínio sobre animais e plantas na terra. A despeito do mau uso deste texto para justificar a destruição do meio ambiente para o bem da humanidade, podemos lê-lo como um convite a amizade e cooperação com o projeto de Deus para o universo. Pode-se pensar neste convite como análogo ao de um pai que convida seus filhos para entrarem no negócio da família. Deus nos convida a nos unirmos ao negócio da família de Deus, o qual é o desenvolvimento deste universo em harmonia uns com os outros e com o ambiente ao nosso redor.

Uma prática espiritual

Dado este argumento, podemos começar a ver quanto a união com Deus implica em ação da nossa parte. Se somos criados para amizade e cooperação com Deus no negócio de família que é o universo, então nossa mais profunda felicidade consistirá em aceitar o convite, isto é, nos engajarmos numa relação de amizade e cooperação com Deus, que é ativo neste mundo. Tal engajamento implica aceitar uma prática espiritual. Não se pode tornar amigo de ninguém sem se envolver na prática disciplinada e exigente de comunicação e cooperação mútuas. Isso é ainda mais verdadeiro quando se trata de se tornar um amigo de Deus. Se aceitarmos o convite, vamos nos engajar numa disciplina exigente. Antes que todos vocês parem de ler este livro, deixem-me assegurar-lhes que esta disciplina não exige passar horas de joelhos em oração. Aqui precisamos levar a sério a analogia da amizade humana. A disciplina requerida não é muito diferente da necessária numa amizade humana. É claro que precisamos passar tempo com as pessoas se vamos nos tornar amigos, mas isso não precisa tomar todo o tempo de nossa vida. Deixe-me apontar alguns dos elementos necessários para o desenvolvimento de uma amizade com Deus.

Para desenvolver uma amizade com Deus, precisamos notar que desejamos tal amizade. Ficamos amigos dos outros porque queremos. Acredito que Deus, ao desejar que existíssemos para a amizade, cria em nós um desejo correlato pela amizade com Deus. Aqueles que prestam atenção a este desejo quererão crescer em proximidade e amizade com Deus. Isto requererá passar tempo com ele para desenvolver a amizade. Se você quiser algumas dicas sobre maneiras de se engajar em tal oração, pode ler meu livro *A Friendship like no Other*[1]. Em síntese, significa passar tempo falando com Deus e escutando o que Deus quer lhe comunicar. É simples assim. Não requer longas horas a cada dia, somente algum tempo para estar na presença de Deus. Esse tempo poderia ser apenas como uns poucos minutos refletindo sobre o dia, percebendo quando você esteve mais vivo e inteiro, um sinal de que estava experimentando a presença de Deus. Se as pessoas se engajam na disciplina de tentar perceber a presença de Deus, se tornam conscientes de tais momentos. Também ficarão conscientes dos tempos em que estão longe de experimentar a presença de Deus, tempos quando estão fora de sintonia com o tipo de amizade que Deus quer de nós. Quando notam tais diferenças, estão começando o processo chamado discernimento dos espíritos. É aqui que a pergunta que iniciou este capítulo recebe sua resposta definitiva.

Sintonizando nossos corações

Se Deus está trabalhando ativamente para atrair todos os seres humanos para a amizade e cooperação no negócio da família,

---

1. Tradução brasileira: Barry, William A. *Amizade sem igual. Experimentar o surpreendente abraço divino.* São Paulo: Loyola, 2023. (N. da R.)

então podemos compreender a antiga disciplina do discernimento dos espíritos como nossa maneira de deixar Deus fazer aquela obra de atração em nossos corações, pois nossos corações não estão automaticamente em sintonia com o desejo de Deus na criação, mas são atraídos para muitas ações que nos conduzem para longe da amizade com Deus. Nossos corações precisam se tornar afinados com a ação única de Deus, que atrai todos os seres humanos para a amizade. Morando em nossos corações, o Espírito de Deus pode se tornar o diapasão que possibilita que nossos corações estejam harmonizados com a ação de Deus, mas precisamos estar engajados numa reflexão disciplinada para perceber os sussurros do Espírito. Tal reflexão disciplinada começa quando percebemos a diferença entre quando nos sentimos mais vivos e inteiros, e aqueles tempos em que parecemos presos ao medo e ao egocentrismo. No primeiro cenário, parece haver movimentos afinados com o que Deus quer na criação. O segundo parece ir contra o que Deus quer.

Darrell Jones, um preso que eu visito, que se tornou um amigo, fornece um exemplo de tal discernimento. Por conversas anteriores, eu sabia que Darrell tivera uma experiência de conversão na prisão. Numa visita perguntei a ele o que havia precipitado a mudança nele, esperando escutar sobre alguma experiência de oração. O que disse foi assombroso na sua simplicidade e sinceridade. "Eu comecei a me afeiçoar por uma mulher que me visitava. Quando comecei a me importar com ela, entendi que não poderia continuar a viver como vivia." Bastou prestar atenção ao movimento em direção à amizade com outro ser humano e agir dentro daquele movimento.

Hesito em usar a expressão encontrar o desejo de Deus a esta altura de uma discussão sobre discernimento, uma vez que pode facilmente nos conduzir à imagem de Deus como o Mestre Planejador. Prefiro ver o discernimento dos espíritos como uma maneira de sintonizar nossos corações com o propósito de Deus na criação. Aquela intenção, como defendi, é que todos sejamos atraídos para a amizade com Deus. Se tentarmos sintonizar nossos corações com esta intenção, então gradualmente ficaremos mais parecidos com Deus, isto é, gradualmente nos tornaremos mais como as imagens de Deus para as quais fomos criados. Neste sentido encontraremos o desejo de Deus. Creio que era isto que Darrel estava fazendo.

Este processo de se tornar mais como Deus vai exigir encarar nossos fracassos em viver como imagens de Deus no passado e nos arrependermos destes fracassos. Afinal de contas, Deus de fato tem padrões e, quando vamos crescendo na amizade com Deus, entendemos que fracassamos em viver à altura desses padrões e vamos continuar falhando se não formos ajudados pela graça de Deus. Neste processo de encarar nossos fracassos, tanto os pessoais como os comunitários, chegaremos a entender a verdade das palavras do Evangelho de João anteriormente citadas, "Pois Deus amou tanto o mundo, que deu Seu Filho Único, para que todo o que crer nele não morra, mas tenha a vida eterna" (Jo 3,16). Reconhecemos que, se fôssemos continuar neste caminho de nossos fracassos pecaminosos, pereceríamos. Mas também reconhecemos que Jesus, o Filho único de Deus, morreu por nossos pecados e pelos pecados do mundo inteiro, e assim tornou possível nos arrependermos e voltarmos ao caminho da amizade com Deus. Além disso, também percebemos que Deus não desistiu de nosso mundo, mas está ainda trabalhando para completar a divina intenção ao criá-lo. A percepção da ação continuada e contínua de Deus no mundo tira um peso tremendo de nossos corações e mentes. Sentimo-nos livres e inteiros, e queremos nos tornar parte da solução para os problemas do mundo tanto quanto possível.

Uma nova virada

Uma nova virada no crescimento de nossa amizade com Deus pode agora acontecer. Na Sabedoria de Salomão lemos a respeito da Sabedoria: "Passa, através dos séculos, para as almas santas, fazendo-as amigas de Deus e profetas" (Sb 7,27). Para cristãos que cresceram até este ponto na amizade, é através da contemplação de Jesus, morrendo na cruz por nós e por nossa salvação, que o Espírito (Sabedoria) desperta o desejo de nos tornarmos amigos de Jesus. Ser seu amigo significa crescer em sua imagem e semelhança para se tornar seu discípulo. Os amigos de Jesus querem viver neste mundo em sintonia com os valores e sonhos de Jesus, para se tornarem, com convicção, parte da empresa familiar de Deus. Jesus, em sua vida, cuidava dos negócios do Pai. Tornar-se um discípulo de Jesus significa cuidar dos negócios do Pai. Isto não requer se tornar um religioso de profissão. Significa viver como um amigo de Deus, na imagem e semelhança de Jesus, em qualquer estado de vida, partilhando seus valores e prioridades. Darrell, na cadeia, está se esforçando para fazer isto da melhor forma que pode.

Cresço em amizade com Jesus ao contemplar as histórias de sua vida descritas nos Evangelhos, com o desejo de conhecê-lo melhor para amá-lo e segui-lo mais fielmente. Ao crescer em conhecimento e amor a ele vou ter que continuar a observar e discernir os diferentes movimentos de meu coração e minha mente. O discernimento dos espíritos, então, requer que eu preste atenção ao que a amizade com Jesus implica. Significa vencer meus medos de abertura e honestidade em minha relação com Jesus. Assim cresço em meu desejo de compartilhar com ele o que está no meu coração e escutar o que ele tem a me dizer. No processo começo a ver que certas maneiras de agir e corresponder à vida não são compatíveis com ser amigo de Jesus, assim como Darrel percebeu que seu modo de viver anterior não era compatível com querer bem à mulher que o visitava. Percebo que Jesus perdoa aqueles que erram e o ofendem e entendo que eu também sou chamado a perdoar aqueles que erram e me ofendem. Vejo que ele tem uma predileção por aqueles que são pobres e marginalizados e sinto o chamado a segui-lo nesta predileção. Vejo-o perdoar inimigos como Saulo de Tarso e desejo me tornar como ele. Em outras palavras, o discernimento dos espíritos chega naturalmente enquanto cresço no meu conhecimento e amor de Jesus. Quero apenas ser como ele, e percebo quando minhas reações são como as dele e quando não são. Estou sintonizando meu coração com seu modo de ser humano e assim vou me tornando mais como o ser humano que sou criado para ser: uma imagem de Deus. Neste processo, é claro, me torno parte de uma comunidade de discípulos que, em princípio, quer incluir todos os seres humanos.

Decisões diárias têm grandes implicações

Você vai perceber que esta apresentação do discernimento dos espíritos não focaliza grandes decisões e sim reações e comportamento diários. É claro que posso querer usar as técnicas do discernimento para tomar grandes decisões, tais como escolher minha vocação na vida, mas essa aplicação só vem depois que desenvolvi o hábito de discernimento, através da disciplina de desenvolver a amizade que Deus quer comigo e com todo ser humano. Com tal discernimento, sintonizamos mais nossas ações cotidianas às intenções de Deus ao criar o mundo, isto é, crescemos em amizade com Jesus e buscamos nos engajar em cooperação amiga com outros. Tentamos tornar possíveis condições mais de acordo com o sonho de Deus de uma comunidade universal de seres humanos vivendo em harmonia entre si e com toda a criação. Essas nossas ações podem não ser importantes, mas de fato fazem diferença na pequena parte do mundo pelo qual temos alguma responsabilidade. Prefiro esta linguagem da sintonia àquela de encontrar a vontade de Deus, porque essa última pode ter uma tendência a colocar toda a ênfase em grandes decisões, tais como encontrar seu apelo na vida e negligenciar o discernimento diário necessário para cooperar nos negócios da família de Deus.

Se de fato crescermos desta maneira, na amizade com Jesus, estaremos fazendo a vontade de Deus. Teremos aceito o convite à amizade que Deus tem em mente ao nos criar e estaremos engajados em cooperar no negócio familiar de Deus, que é criar um mundo no qual todos os seres humanos são amigos de Deus e uns dos outros, vivendo harmoniosamente com toda a criação. Assim, união com Deus e encontrar a vontade de Deus se encontram no processo de desenvolver amizade com Deus. Discernir a vontade de Deus significa entrar em sintonia com a intenção de Deus para a criação e, assim, entrar em união com Deus. Ao nos engajarmos no processo de crescer na amizade com Deus, estamos também nos tornando o tipo de ser humano maduro que fomos criados para ser; homens e mulheres que podem, nas palavras de Sigmund Freud, amar e trabalhar, cuidar de outros por amor a eles e trabalhar produtivamente neste mundo. Assim, a prática espiritual pode nos conduzir à maturidade psicológica.

Concluo com este parágrafo perspicaz, tirado de uma palestra de Peter-Hans Kolvenbach, dirigida aos membros da Trigésima Quarta Congregação Geral da Companhia de Jesus:

Inácio proclama que não há para o ser humano uma autêntica busca de Deus sem um colocar-se na vida da criação; e que, por outro lado, toda solidariedade com o ser humano e toda interação com o mundo criado não são autênticos sem uma descoberta de Deus (1995, 53).

7
Tomada de decisão na tradição inaciana

Estivemos tratando de discernimento a partir de vários pontos de vista. Nesta meditação quero usar alguns exemplos concretos para ilustrar a tomada de decisão inaciana. Os primeiros exemplos vêm da vida do próprio Inácio de Loyola. O segundo é um caso hipotético de um jovem tomando uma decisão sobre um modo de vida. Espero que esta reflexão a respeito destes exemplos vá ajudar você a criar um hábito de tomar decisões à luz de sua própria experiência com as moções de Deus no seu coração.

A eleição de Inácio como Superior Geral

Em 1539, Inácio se encontrava estranhamente relutante em ocupar o papel de superior geral da nova Companhia de Jesus, quando seus companheiros o elegeram. Primeiro recusou o cargo, protestando que era um grande pecador, destinado mais a obedecer do que a comandar e incapaz de governar a si próprio. Implorou que os companheiros reconsiderassem o assunto por mais quatro dias. Quando eles novamente votaram do mesmo modo, Inácio foi ao seu confessor, se dedicou por três dias a uma cuidadosa revisão de sua vida passada e fez uma confissão geral. Pediu ao confessor que tomasse a decisão quanto a se devia aceitar o cargo. Quando o confessor lhe disse que uma recusa seria resistência ao desejo de Deus, Inácio permaneceu sem se convencer e pediu ao confessor que rezasse sobre o assunto durante mais três dias e depois apresentasse sua decisão por escrito. Finalmente, quando a decisão do confessor permaneceu a mesma, ele cedeu e aceitou o cargo. Sua repetida hesitação, face a seu claro papel de liderança no pequeno grupo, pode parecer ao leitor moderno esquisita e até mesmo insincera.

O psicanalista jesuíta William Meissner, tendo analisado estes detalhes, atribui as hesitações de Inácio a sua ambivalência e a resíduos de ambição e narcisismo, que Inácio abominava em si (*Ignatius of Loyola*, 1992, 181-184). Também é possível que ele temesse que algumas das leviandades de sua vida anterior viessem a ser conhecidas e usadas para prejudicar a nova congregação. Parece, também, que havia ofendido o então influente cardeal Gian Pietro Carafa, fundador dos Teatinos e futuro Papa Paulo IV, através de uma dura crítica aos modos daquela nova congregação. O que quer que desencadeara essa relutância, uma vez aceita a tarefa, não demonstrou hesitação acerca do uso de sua autoridade, a ponto de severamente repreender os mesmos companheiros que sempre considerou cofundadores da nascente Companhia de Jesus.

Reflitamos por um momento sobre esta sequência de eventos na vida de Inácio. Algo no espírito de Inácio não se sentia totalmente à vontade com sua eleição. Era um momento decisivo, não só para sua vida, mas também para esta nova empreitada, a Companhia de Jesus. Inácio queria ter certeza que sua eleição estava em sintonia com a vontade de Deus. Acredito que esta incerteza, de onde quer que tenha partido, permanecia por trás de suas ações subsequentes. Não importa se sua relutância brotou de origens psicológicas, de medo de escândalo ou de um profundo sentido espiritual de que seu chamado não era para administração: sua dúvida era uma realidade que ele sentia que tinha que levar a sério.

Para terem certeza, ele e seus companheiros precisavam atormentar o céu para pedir por mais luz. Quando o procedimento produziu o mesmo resultado, Inácio ainda se sentiu inseguro. Assim conversou por algum tempo com seu confessor. Precisava ter certeza não apenas por sua causa, mas também por causa da Companhia de Jesus, que ele e seus primeiros companheiros acreditavam que Deus queria que existisse. Inácio rezou a sério porque era importante acertar.

Creio que, nesta história, temos as chaves para uma espiritualidade de tomada de decisão na tradição inaciana. Para Inácio e os primeiros companheiros, era muito importante a decisão acerca de quem deveria conduzir a nova Companhia de Jesus. Acreditavam que Deus queria que a Companhia existisse e prosperasse. Agora que o Papa Paulo III havia aprovado a Companhia, os companheiros precisavam eleger um superior geral, que não apenas conduziria o grupo de novatos, mas que também redigisse suas constituições. Esta eleição, portanto, seria crucial para a sólida fundação e o ansiado progresso da Companhia. Consequentemente, Inácio e seus companheiros suplicavam a Deus por orientação, para que fizessem a escolha certa. Partiam do pressuposto de que Deus tinha um interesse na decisão que estavam por tomar e lhes daria orientação em suas deliberações.

Segundo, eles estavam à escuta da resposta divina e aquela resposta, aparentemente, poderia vir através de muitas vias: os votos dos companheiros, o conselho do confessor de Inácio e seus próprios movimentos interiores, aos quais estavam atentos antes e depois de seus votos. Inácio e seus companheiros presumiam que Deus tem um sonho que inclui não só o que as pessoas fazem, mas também o que um grupo realiza, e que Deus comunicaria aquele sonho a eles. Dentro das maneiras com que esperavam que Deus se comunicasse havia não apenas seu próprio discernimento individual, aquilo que o Espírito estava comunicando a cada um deles, mas também as dúvidas de um deles, de Inácio. Incluíam também o conselho do confessor de Inácio que tinha que encarar, na sua própria oração, a força da relutância de Inácio em assumir o cargo. A vontade de Deus, em outras palavras, é dada a conhecer na bagunça do mundo real.

Uma vez que Inácio havia feito tudo que podia fazer para resolver suas hesitações e tinha concluído que deveria aceitar o cargo, nunca mais olhou para trás ou se preocupou se tinha feito a coisa certa. Neste capítulo, quero continuar nossa reflexão sobre discernimento e destrinchar algumas das implicações deste exemplo de tomada de decisão inaciana para nossa própria tomada de decisão.

Que tipos de decisões?

De que tipos de decisões estamos falando? Claramente a decisão ante os primeiros jesuítas era bastante importante. Tinha implicações não apenas para os próprios homens, mas também para a Igreja. Pelo menos numa visão retrospectiva podemos dizer isto, porque, nos seus mais de 450 anos de existência, a Companhia de Jesus tem tido uma influência muito forte na Igreja. Mas também são graves muitas das decisões que tomamos durante a vida. A escolha de casar e com qual pessoa tem implicações não apenas para as duas pessoas envolvidas, mas também para suas famílias de origem e para as futuras gerações que, talvez, rastrearão suas origens até este casal, com consequências desconhecidas para o mundo. É claramente uma escolha momentosa. Assim, casais que pensam em casar devem ter certeza de que estão fazendo a escolha certa. A decisão de entrar numa congregação religiosa também tem consequências, não só porque não haverá uma família futura, mas também porque o participante vai afetar a congregação para o bem ou para o mal e tocar um incontável número de vidas, também com consequências desconhecidas para o mundo e para a Igreja. Qualquer pessoa que faça esta escolha quer ter certeza a respeito da decisão. Na verdade, se alguém refletir um pouquinho, muitas das decisões que tomamos têm consequências que refletem na história do mundo.

Há mais de cinquenta e cinco anos sou jesuíta. Nesses anos tenho impactado a Companhia de Jesus e, portanto, muitas pessoas, algumas das quais só me conheceram através da minha escrita. Se eu não tivesse entrado na College of the Holy Cross em 1948, poderia nunca ter pensado em me tornar um jesuíta. A decisão de ir para a Santa Cruz foi importante na minha vida. Entretanto cheguei lá quase que por acidente, sem muito refletir. Muitos podem dizer o mesmo sobre suas próprias escolhas, sobre para onde ir em busca de educação. Todas as nossas escolhas têm consequências, algumas mais significativas do que outras.

A participação de Deus em nossas escolhas

Tem Deus uma participação em nossas escolhas? Inácio obviamente acreditava que sim. Todo o propósito dos *Exercícios Espirituais* é ajudar as pessoas a fazer escolhas que sejam mais de acordo com o sonho de Deus e não guiadas por apegos desordenados. Como devemos compreender o papel de Deus em nossas escolhas?

Como vimos no capítulo anterior, podemos compreender o mundo como a ação única de Deus em curso. Deus está sempre ativo neste mundo, executando o divino propósito, o reino de Deus, onde todas as pessoas vivem em harmoniosa unidade com o Deus uno e trino, uns com os outros e com todo o universo criado. A ação única de Deus, que é este mundo, inclui todas as ações dos seres humanos e todas as coisas que acontecem sem humana intenção. Nossas ações podem ser mais ou menos sintonizadas com a ação intencional de Deus. Assim, podemos dizer que Deus tem uma participação em todas as nossas escolhas.

Na "Contemplação para Alcançar Amor", dos *Exercícios Espirituais*, Inácio faz o exercitante pedir a graça de experimentar "como Deus está presente nas criaturas" e "Em mim, dando-me a existência, a vida, a sensibilidade e a inteligência: e tendo-me criado à imagem e semelhança de sua divina Majestade, fez de mim um templo seu" (*EE* 235); e "como Deus age e trabalha por mim em todas as coisas criadas sobre a terra" (*EE* 236). Inácio acredita que as pessoas podem, na fé, experimentar Deus agindo propositadamente em nosso mundo. Quando fazem esta experiência, se deparam com a questão se primeiro o querem e, depois, como podem alinhar suas próprias vidas e ações com a ação divina. Em princípio, toda ação consciente pode estar mais ou menos em consonância com a ação única de Deus no mundo. Quando olhamos nossas ações sob esta luz, então todas de alguma maneira parecem importantes, porque podem estar em sintonia ou em dissonância com a ação de Deus. De um modo real, toda vez que escolhemos uma linha de ação, estamos ou cooperando com a ação única de Deus ou falhando em cooperar. Por esse entendimento, Deus tem uma participação em todas as nossas escolhas.

A questão é se vamos levar a sério o interesse de Deus, o bastante para tentar discernir como nossas escolhas se encaixam com o sonho de Deus para o mundo. Diante da experiência do próprio Inácio e da convicção da divina presença e atividade no mundo, não é de estranhar que ele quisesse ter certeza de que suas decisões e sua eleição, como superior geral, estivessem em sintonia com o desejo de Deus. Se estivéssemos tão convencidos dessas verdades, também nós não quereríamos ter essa certeza?

A complexidade do discernimento de qualquer ação

A tomada de decisão inaciana repousa na suposição que Deus tem um propósito ao criar o mundo e cada um de nós. Com bastante frequência falamos em descobrir a vontade de Deus. Como escrevi no capítulo anterior, isso parece ser um descobrir do plano eterno que Deus traçou para cada um de nós. A realidade, entretanto, pode ser um assunto mais complicado do que a princípio aparenta. Por exemplo, parece que Inácio, em Manresa, discerniu que Deus queria que ele passasse sua vida ajudando almas na Terra Santa. Os fatos provaram que Inácio estava errado neste discernimento, pelo menos quanto ao que se refere a viver e morrer em Jerusalém. Foi mandado embora da Terra Santa pelo provincial superior dos franciscanos, que ameaçou Inácio com excomunhão se ele desobedecesse. Inácio concluiu que não era vontade de Deus que ele permanecesse lá. Determinar a vontade de Deus pode ser complicado. Não é apenas um assunto de nosso discernimento subjetivo pessoal.

Inácio fornece outro exemplo. Em 1552, o Imperador Carlos V apresentou o nome de Francisco Borja, o antigo duque de Gandia tornado padre jesuíta, ao Papa Júlio III para que recebesse o chapéu de cardeal, e o papa estava inclinado a fazê-lo. Inácio escreveu a Borja um relato de sua própria experiência e o processo de discernimento com relação ao que ele (Inácio) faria a este respeito. Depois de três dias de tumulto emocional e oração, Inácio chegou à conclusão que devia fazer tudo ao seu alcance para impedir o processo. Escreveu:

> Na ocasião me sentia seguro, e ainda me sinto assim, de que se não procedesse dessa maneira não seria capaz de dar um bom testemunho de mim mesmo a Deus, Nosso Senhor – de fato, eu daria um testemunho bem ruim de mim.
> Assim sendo, senti e sinto agora que é desejo de Deus que eu me oponha a este movimento. Embora outros possam ter outro pensamento e conferir esta dignidade a você, não vejo nenhuma contradição, uma vez que o mesmo Espírito poderia me mover a esta ação, por certas razões, e a outros ao oposto por outras razões, proporcionando assim o resultado desejado pelo imperador. Possa Deus nosso Senhor sempre fazer o que for para seu maior louvor e glória. (Young, *Cartas*, 1959, 258)

Encontrar a vontade de Deus no mundo real não é um simples assunto do nosso próprio discernimento pessoal. Outros personagens e fatores entram em cena.

Inácio presumia que Deus podia inspirar pessoas a diferentes conclusões, em relação ao mesmo assunto. Prefiro dizer que Deus trabalha com todas as decisões, mesmo aquelas que podem não estar em sintonia com o sonho de Deus. Gosto do provérbio português citado por Paul Claudel como a epígrafe de sua peça *Le Soulier de Satin*: "Deus escreve certo por linhas tortas". Todas as nossas ações, mesmo as mais bem intencionadas e mais finamente discernidas, são linhas tortas, falhas e humanas. Contudo, Deus trabalha com elas todas para fazer o reino acontecer.

Como resultado de tais considerações prefiro usar a frase "a vontade de Deus" neste sentido: Deus está trabalhando o tempo todo neste mundo para fazer acontecer sua intenção ou seu projeto, o reino de Deus, por assim dizer. Os seres humanos são chamados a sintonizarem com este seu trabalho, o projeto de Deus. O discernimento dos espíritos gira em torno desta crença de que Deus está agindo o tempo todo e que nós podemos estar mais ou menos afinados ou desafinados com a divina ação. Portanto, quando discernimos, não estamos buscando o eterno plano de Deus decretado para cada um de nós. Estamos, em vez disso, tentando alinhar nossas ações, da melhor maneira que podemos, com a ação única de Deus, que é o mundo. Fazemos tudo que podemos para sintonizar nossas ações com a ação de Deus, mas depois temos que deixar o resto com Deus e com a interação de ações e eventos fora de nosso controle.

Como sintonizamos nossas ações com a ação única de Deus?

Isso conduz à questão de como queremos sintonizar nossas ações com a ação única de Deus. Novamente, Inácio e os primeiros companheiros nos mostram o caminho. Já vimos como eles agiram quando chegaram à questão da eleição do primeiro superior geral da Companhia. Quando nos deparamos com uma decisão, precisamos introduzir Deus no cenário e usar todas as regras de discernimento para percebermos os movimentos de nossos corações, quando rogamos a Deus por iluminação. Mas também podemos precisar pedir ajuda a outros no nosso discernimento e prestar atenção aos seus conselhos e recomendações. Em outras palavras, fazemos o melhor que podemos para discernir como nossa planejada ação se alinha com o sonho de Deus para nós e para o mundo. Como Inácio, queremos ter certeza que estamos tão perto quanto podemos da sintonia com a ação de Deus. Tendo feito o possível para discernir, tentamos colocar em prática nossa decisão, num mundo complicado e onde não somos os únicos atores.

Deixe-me dar um exemplo. Suponha que um jovem está tentando discernir se tem vocação para vida religiosa e especificamente para a Companhia de Jesus. Precisa fazer algum dever de casa para descobrir alguma coisa sobre a ordem dos jesuítas, sua espiritualidade, seus princípios éticos e seu trabalho. Se sentir que há uma ressonância positiva com seus próprios sonhos e esperanças, ele implora a Deus luz para discernir se Deus quer que ele se candidate. Acredita que Deus tem uma parcela de interesse na sua decisão. A maneira como ele vai optar por viver a sua vida terá repercussões, não apenas na sua própria vida, mas também na de todos aqueles com quem ele tiver contato uma vez decidida sua opção de vida.

Quer ter certeza, assim como Inácio queria, que vai estar em sintonia com o sonho de Deus para o mundo. Neste processo de discernimento, fala com um diretor espiritual que o ajuda a prestar atenção a tudo que está acontecendo no seu coração e sua mente. Conversa com amigos que o conhecem e que conhecem os jesuítas.

Suponhamos que ele chegue à firme decisão de que Deus o está chamando para entrar na Companhia de Jesus. Agora ele precisa fazer uma inscrição e seguir todos os procedimentos requeridos dos inscritos. Não há uma conclusão antecipada que ele seja aceito. Ele não tem nenhum controle sobre a decisão da Companhia. Deve agora deixar isso nas mãos dos jesuítas e de Deus.

Há uma frase assim, frequentemente atribuída a Inácio: "Reze como se tudo dependesse de Deus; trabalhe como se tudo dependesse de você". Inácio nunca escreveu ou disse algo assim, mas um jesuíta suíço, alguns anos depois da morte de Inácio, criou uns vigorosos ditos latinos, chamados "pequeninas faíscas", atribuídas a Inácio. Eram baseadas em coisas que Inácio escreveu e disse a respeito de sua espiritualidade, mas não eram citações diretas. Uma tradução livre de uma delas é: "Que esta seja a primeira regra da ação: confie em Deus, como se o sucesso da empreitada dependesse unicamente de você e não de Deus; ao mesmo tempo, dedique-se ao trabalho, como se Deus sozinho fosse fazer tudo". Em outras palavras, a frase parece exprimir exatamente o oposto da que é costumeiramente atribuída a Inácio. Deveria ser assim: "reze como se tudo dependesse de você; trabalhe como se tudo dependesse de Deus". Com esta "pequenina faísca", creio que chegamos ao coração da tomada de decisão na tradição inaciana.

Antes de tomar uma decisão significativa, preciso rezar como se tudo dependesse de mim, neste sentido: o que eu decidir tem um lugar no sonho de Deus para o mundo, porque Deus está sempre atuando para realizar aquele sonho. Deus vai trabalhar com minha decisão, quer ela esteja em sintonia ou destoe do divino sonho. Mas estar ou não sintonizado faz diferença. Pense na escolha que Maria de Nazaré enfrentou. Deus esperou, de certo modo, pela sua resposta ao anúncio de Gabriel. Poderia ter recusado, e então, presumimos, Deus teria trabalhado com aquela escolha para realizar o que Deus quer fazer. Mas o mundo teria tomado um rumo diferente. O Filho de Deus não teria sido o Jesus de Nazaré que conhecemos agora. A escolha de Maria foi, sem dúvida, uma das mais importantes já tomadas no nosso mundo. Mas seu significado singular não nos deveria cegar para o fato de que todas as nossas escolhas, pelos menos aquelas que são mais do que as corriqueiras, têm algum efeito no mundo, que é a ação única de Deus. Consequentemente, Deus tem uma parte interessada nestas escolhas e, de alguma maneira misteriosa, depende de nós. Portanto, rezo como se tudo dependesse de mim.

Tendo discernido, da melhor maneira que pude, que ação está mais em sintonia com a ação de Deus, então ajo como se tudo dependesse de Deus. Isso é, devo deixar o sucesso ou fracasso do que faço com Deus e com os outros atores no nosso mundo e com os acontecimentos. Isto foi o que

Jesus teve que fazer quando discerniu que sua vocação exigia que ele fosse para Jerusalém e fizesse uma última tentativa de levar seu povo a se arrepender e a acreditar nele. Caminhou para sua morte confiando que Deus realizaria seu sonho através desse horror. Assim também nós, seguidores de Jesus, fazemos o melhor possível para alinhar nossas ações com aquele sonho, e então deixamos a ressurreição com o Pai.

Se o jovem que se inscreveu para os jesuítas estiver vivendo a partir desta tradição, poderá recuperar seu equilíbrio se não for aceito, assim como Inácio recuperou seu equilíbrio quando o provincial franciscano ordenou que deixasse a Terra Santa. Pode não ser fácil, mas o ponto é que ele está tentando sintonizar suas ações com a ação única de Deus. Se ele for rejeitado, precisa agora seguir em frente com sua vida, continuando a tentar descobrir como sua vida pode se sintonizar melhor com a ação de Deus. Pode até ser que os jesuítas tenham cometido um erro ao rejeitá-lo. Este não é o ponto. No mundo real, só podemos fazer o melhor possível para discernir o desejo de Deus e depois deixar o resto ele, confiando que Deus escreverá certo com quaisquer linhas tortas que nós e outros escrevamos.

Como estes pensamentos sobre discernimento afetam você? Fazem sentido o suficiente para querer tentar estar mais consonante com o sonho de Deus para nosso mundo?

Parte III
Sobre dilemas atuais

❊

Nesta parte ofereço meditações sobre alguns dos dilemas que modernos cristãos encaram ao viver em amizade com Deus e em sintonia com o sonho de Deus para nosso mundo. Estamos vivendo num tempo de importantes mudanças e podemos, muitas vezes, nos sentir medrosos e ansiosos. Estas meditações abordam alguns dos medos evocados em nós e visam ajudar leitores e se engajar mais profundamente numa relação de amizade com Deus.

❊

8
O que é o mundo real?

Gente religiosa, que procura viver de acordo com suas crenças religiosas – por exemplo, com o tipo de fé dos capítulos anteriores, sobre o sonho de Deus e nossa parte nele –, vai às vezes se deparar com comentários como: "Caia na real. Não se pode viver com a cabeça nas nuvens. No mundo real você tem que relegar sua religião aos domingos". Podemos nos sentir ameaçados por tais comentários, ficar pensando se os outros estão certos. Afinal nós também, como nossos próximos que não são religiosos, vivemos no que parece um tempo escuro e sombrio. Quero refletir com você a questão, "O que é o mundo real?".

Duas visões antagônicas do que é o mundo real

Comecemos com dois poemas escritos por ingleses, no fim do século dezenove, que dão respostas diametralmente opostas a esta pergunta. O primeiro é um poema de Matthew Arnold, "Dover Beach" ["Praia de Dover"], escrito em 1867:

O mar está calmo esta noite.
A maré está cheia, a lua bela
Sobre os estreitos; na costa gaulesa a luz
Tremeluz e se esvai, os desfiladeiros britânicos permanecem
Fulgurantes e amplos, em nossa baía tranquila.
Venha à janela, doce é o ar da noite!
Entretanto, da longa risca de espuma flutuante
Onde o mar encontra a terra branqueada pela lua,
Ouça!, escutas o rugido rouco
Dos seixos levados pelas ondas, lançados,
Ao retornar, costa acima.
Começa e cessa e incessante recomeça,
Com lenta cadência trêmula, e
Consigo traz a eterna nota da tristeza.

Sófocles há muito tempo
Escutou-o no mar Egeu, e o infiltraram
À mente a vazante e o esto
Da miséria humana; nós igualmente
Achamos no som um senso,
Escutando-o deste mar aquilonal.

O Mar da Fé
Esteve também uma vez na cheia, e no entorno
Da Terra espargia, como as dobras da fazenda
ao cingir da faixa.
Mas agora só ouço
Seu melancólico, longo, recendente ronco,
Recuando ao sopro

Da brisa noturna, para as sombrias bordas
E seixos nus do mundo.

Meu amor, sejamos sinceros
Um com o outro! Porque o mundo, que parece
Estender-se ante nós como uma utopia,
Tão variado, tão bonito, tão novo,
Nem alegria, nem amor, nem mesmo luz possui,
Nem certeza, nem paz, nem alívio para a dor;
E cá estamos, como no ocaso de uma clareira,
Circundados pelos sons confusos
De combates noturnos, travados por broncos.[1]

Muitos de nós podem achar que este poema de cerca de 150 anos de idade nos fala, neste novo século onde exércitos ignorantes entram em conflito noite e dia, e onde tememos que o mar da fé recue para bordas sombrias de nossas praias. Será que Arnold descreve o mundo real?

Ou o mundo real é aquele que Gerard Manley Hopkins descreve em "God's Grandeur" ["A Grandeza de Deus"], escrito dez anos depois de "Dover Beach", em 1877?

O mundo está cheio da imensidão de Deus, uno e trino.
Como reluzente chapa de metal, vai flamejar;
Agrega-se verso à grandeza, como o gotejar
Ao se extrair o azeite. Já não se teme o açoite divino?

---

1. Ambos os poemas *Dover Beach* e *God's Grandeur* foram traduzidos aqui pela preparadora. (N. da R.)

Gerações têm caminhado, caminhado, caminhado;
Em tudo há marcas de uso e nódoas de lavor; descorado
E revestido do suor humano, partilha seu cheiro:
O solo agora anda desnudo, e solado
não o sente o caminheiro.

E apesar disso, vasta, a natureza nunca se gasta;
Nela, o dileto frescor, na profundidade das coisas;
Ainda que findem a oeste as últimas luzes do poente,
Brota a alvorada, na castanha risca do oriente –
Porque o Espírito Santo este mundo recurvo abraça
Com caloroso peito e oh! radiante asa.[2]

Tal visão nos anima a muitos, mas será uma quimera, em face da realidade que nos circunda? Qual dos dois poemas fala do mundo real?

Ambos os poetas viveram ao mesmo tempo na Inglaterra vitoriana, quando a Grã-Bretanha assomava o mundo como um colosso e parecia estar no auge de sua grandeza imperial. Mas a grandeza imperial não impediu guerras e rumores de guerras, enormes disparidades entre os ricos e os pobres, mortes prematuras por doença e a poluição causada pela Revolução Industrial. Os dois poetas notaram claramente o lado obscuro das coisas de sua era, e ambos, parece, eram dados a estados de alma sombrios. Sabemos que Hopkins com frequência sentia desespero. Entre outras coisas, nunca viu publicado um único poema seu. Entretanto, "God's

---

2. Cf. nota anterior. (N. da R.)

Grandeur" atesta que ele era capaz de vencer sua tendência à depressão e ao desespero. Mas a questão permanece, "qual poeta está descrevendo o mundo real?". Desejo discutir este ponto porque vivemos em tempos sombrios, igualmente no mundo e na nossa Igreja, neste novo século e milênio em que os Estados Unidos assomam o mundo como um colosso e parecem estar no auge de sua grandeza e poder.

Segundo Arnold, o mundo real é um mundo em que a fé não é mais de ajuda. O poema goteja tristeza pela perda de fé. Não há em que se apoiar. A única esperança é nos agarrarmos àqueles que amamos. Em nosso novo século, a vitalidade e a esperança, que sustentaram muitas pessoas depois da Segunda Guerra, foram sugadas de nós. Podemos talvez nos identificar com os sentimentos de "Dover Beach". Desastres naturais, aquecimento global, guerras e terrorismo nos arrancaram qualquer otimismo. Para cidadãos dos Estados Unidos, o ataque ao World Trade Center e ao Pentágono no 11 de setembro de 2001 varreu quaisquer ilusões de que nossa pátria era imune a ataques terroristas. E também, as consequências do ataque e as guerras no Afeganistão e depois no Iraque nos deixaram ainda um sentimento de maior vulnerabilidade e medo. É como se tivéssemos sido atingidos no estômago por um poderoso soco, ficamos sem ar. Vivemos num mundo em que o medo é generalizado.

Além disso, a Igreja Católica Romana, em muitos lugares do mundo, tem recebido no seu corpo um golpe violento pelas acusações e pela realidade de abuso sexual perpetrado por muitos padres e religiosos. Também pelo rápido declínio do número de padres e religiosos, pelo menos no mundo desenvolvido, e pela necessidade de fechar grandes igrejas vazias em muitas de nossas cidades. Em muitas partes da Igreja, grandes divisões entre católicos minaram a energia e causaram ondas de tristeza, quando não depressão. Podemos realmente sentir o beliscão do poema de Arnold. Talvez ele e outros que perderam a esperança estejam vivendo no mundo real, enquanto aqueles de nós que mantêm a esperança, como Hopkins, talvez vivam num mundo de sonhos vazios.

A fonte da esperança de Hopkins

Lembre-se que Hopkins viveu no mesmo país e ao mesmo tempo que Matthew Arnold. Lembre-se, também, que Hopkins não era um homem de personalidade alegre. Ainda assim, Hopkins conseguiu escrever com paixão, "Nela, o dileto frescor, na profundidade das coisas", apesar de toda dor e sofrimento, apesar da estupidez e do mal de que os seres humanos são capazes, e não obstante sua própria disposição sombria. O que tornou possível a ele escrever estas palavras?

A cada ano de sua vida de jesuíta, Hopkins fazia os *Exercícios Espirituais* de Inácio duas vezes em sua forma completa, por trinta dias, e outras vezes por oito dias. Durante esses dias de oração, ele pedia para ver o mundo através dos olhos de Deus, na última grande contemplação dos Exercícios, a "Contemplação para Alcançar Amor". Esta contemplação é o ponto culminante do retiro. Quem a faz pede "conhecimento interno de tantos benefícios que recebi de Deus a fim de que, reconhecendo-os inteiramente, possa amar e servir em tudo a sua divina Majestade" (*EE* 233). Durante esta contemplação, se pede para recordar sua criação e salvação e todos os dons particulares recebidos durante a vida.

"Passarei pela memória", escreve Inácio, "os benefícios recebidos como a Criação, a Redenção e os dons particulares, ponderando com muito afeto quanto Deus nosso Senhor fez por mim, quanto me deu daquilo que tem, e consequentemente como este mesmo Senhor deseja dar-se a si mesmo, quanto dele depender, conforme os seus divinos desígnios" (*EE* 234). Além disso, peço para experimentar como Deus habita em tudo; como Deus se empenha e trabalha por mim em tudo na face da terra; e como todas as coisas boas e dons vêm do alto. Em outras palavras, aquele que está fazendo o retiro quer experimentar este mundo como "cheio da imensidão de Deus". Aparentemente Hopkins recebeu aquilo que pedira.

As perguntas que cada um de nós encara são aquelas com que Hopkins e todos os seres humanos se deparam: existe uma razão para ter esperança? Enxergamos lampejos de luz em nossa escuridão? Deixe-me dizer algumas coisas sobre o mundo real para os que acreditam no Deus das Escrituras judaicas e cristãs.

O mundo real de acordo com a Escritura

O mundo real, de acordo com nossas Escrituras, é criação de Deus, criado do nada, exceto a partir do desejo de Deus por sua existência. Deus quer que este mundo exista. Além disso, no primeiro capítulo da Escritura, no livro do Gênesis, Deus é descrito como criando este mundo com uma exuberância, generosidade e liberalidade que parecem não ter limites exceto os limites do próprio mundo. Aos animais, aves e peixes, e também aos seres humanos, Deus pede a mesma generosidade e abundância. Ouvimos Deus dizer, "crescei e multiplicai". Isso, com certeza, significa procriação, mas pode também ser compreendido como um pedido para nos tornarmos mais, para nos tornarmos o melhor de nós mesmos, para ser como Deus em criatividade, generosidade e amor.

Além disso, podemos ler a segunda história da criação (capítulos 2 e 3 de Gênesis) como a história de Deus criando o mundo como um jardim, no qual seres humanos cooperam na amizade com Deus, uns com os outros e com toda a criação. Nesta história, os seres humanos estão nus e não sentem vergonha, um símbolo de sua transparência diante de Deus e diante uns dos outros. O pecado introduz medo e vergonha, distorce o sonho de Deus. Mas Deus não desiste do sonho: ele chama Abraão e Sarah para se tornarem seus amigos e cooperadores, um começo da reversão dos efeitos do pecado no mundo. Em outras palavras, Deus nos cria à sua própria imagem para viver na amizade com ele, com todos os outros seres humanos e com toda a criação, e nem o pecado humano desviou o sonho de Deus.

Nesta contínua história de Deus e do mundo, Deus finalmente estabelece morada em nosso mundo, na pessoa de

Jesus de Nazaré, que chama pessoas para a amizade com ele e uns com os outros. "Mas eu vos chamo de amigos"; "amai-vos uns aos outros assim como eu vos tenho amado" (Jo 15,15; 15,12). Acreditamos que Jesus, o judeu da Galileia, é a tal ponto um com Deus, que é Deus. E foi ressuscitado dos mortos, ressuscitado corporalmente. O corpo é diferente do nosso, mas é um corpo. Corpos têm laços físicos com o universo inteiro. Assim, as partículas que compõem o corpo de Jesus giram através deste universo. O paraíso não está lá fora. De alguma maneira real, está aqui mesmo.

Ademais, acreditamos que o Espírito Santo de Deus mora nos corações humanos. O Espírito de Deus anima nossos desejos, nossas esperanças, nossos sonhos e nos move a querer o que Deus quer. E este Espírito habita pessoas reais como nós. E nós somos parte do mundo real. "O mundo está cheio da imensidão de Deus, uno e trino. Como reluzente chapa de metal, vai flamejar". Acreditamos então que este é o mundo verdadeiro. Se não for, então, de fato, nossa fé é uma quimera.

Se o que nós cristãos acreditamos é verdade, então o mundo real é o mundo descrito no poema de Hopkins, "God's Grandeur", não o do poema "Dover Beach" de Matthew Arnold. E é este mundo, não algum outro mundo para além deste, com toda a sua dor, dificuldade, mal e miséria, que é cheio da grandeza de Deus. Se isto é verdade, devemos experienciar este mundo real, pelo menos algumas vezes. Fazemos isso? Esta é a grande questão. É possível acreditar neste mundo real? Ou Arnold está certo e a fé num mundo assim não é mais possível? Na última parte deste capítulo quero falar sobre a questão de nossa experiência com o mundo.

Qual é nossa experiência deste mundo?

Acredito no mundo real descrito por Gerard Manley Hopkins e há pouco delineado como o significado de nossa fé na ressurreição de Jesus de Nazaré. Como consequência, tenho que acreditar que nós podemos experienciar este mundo real. Temos experiências deste mundo como "cheio da imensidão de Deus". Mas podemos com facilidade deixá-lo de lado como sem importância e deixar escapar seu significado. Precisamos estar alertas ante experiências de boas novas, prontos a prestar atenção a elas, para dispensar-lhes pelo menos tanta atenção quanto damos às notícias ruins. É realmente uma questão de prestar atenção àquelas experiências que revelam a grandeza de Deus. É o privilégio e a responsabilidade de ministros pastorais, especialmente diretores espirituais, ajudar o povo a atentar para tais experiências.

Deixe-me apontar para algumas de tais experiências que vão, espero, levar você a refletir de modo mais positivo sobre suas próprias. A primeira vem de um amigo, Patrick Malone, SJ, que foi para o Haiti com um grupo que ia entregar medicamentos a uma clínica de saúde. Enquanto o grupo era levado para a clínica, encontraram uma mulher exausta que pedia ajuda. Este incidente lembrou a um deles, Marlene, de como se sentiu mal quando, em outra viagem, não pôde oferecer ajuda ou esperança a uma família do Haiti. "A gente fica tão limitada em face da dificuldade e da injustiça", disse ela, e continuou, "A comunidade rural aqui tem um dito comum na sua língua, o créole: *Bonjya konai*, 'o bom Deus sabe'". Numa comunicação pessoal, Pat Malone escreve:

> Quando a vida é miserável, Deus sabe, quando se sofre, Deus sabe. A citação sussurrada causou um ligeiro movimento das cabeças dos outros passageiros na direção de Marlene. Sem perceber o impacto que a frase tivera neles, Marlene havia movido alguma coisa. [...] Dito em um tom inconsequente normal, teve o mesmo impacto que os sinos usados na Missa quando o padre eleva a recém-consagrada hóstia. Despertar. Não falar, apenas parar com qualquer distração ou autoabsorção ou mesquinhez que o esteja consumindo, para que você não perca este símbolo. Aqui, diante de seus olhos, você está sendo convidado a experienciar algo que permanece tão comum como raro. Não seja indiferente ao significado. Não o dispense como comum ou de fácil explicação.

Este é de fato um sinal de esperança num lugar inesperado.

E tenho encontrado sinais de esperança em histórias que li. Quero recontar duas delas que alimentaram minha esperança. Na sua coluna de terça-feira, 4 de março de 2003, no *Boston Globe*, Brian McGrory descreveu um notável episódio de perdão. David, um jovem numa motocicleta, foi atingido por um motorista bêbado e ficou paraplégico, dependente vinte quatro horas por dia dos cuidados de sua mãe. O motorista, no artigo denominado Daniel, fora apreendido novamente por dirigir embriagado. O irmão de David compareceu ao julgamento para garantir que a justiça fosse feita. Depois encontrou Daniel e a mãe de Daniel no estacionamento e parou para contar-lhe o que acontecera com seu irmão desde o acidente. O fato de Daniel estar novamente dirigindo alcoolizado tinha sido como um tapa no rosto de sua família, contou, e depois sugeriu que Daniel fosse visitar seu irmão para ver o que ele tinha causado. Daniel e sua mãe resolveram fazer uma visita. Quando Daniel viu sua vítima, se curvou e começou a chorar e soluçar incontrolavelmente. Por sete anos, desde o acidente, a mãe de David desejara este momento. Mas então, escreve McGrory, "Ela não conseguiu se conter. Arrodeou a cama, caminhou para o homem que destruíra seu filho e o abraçou". Disse: "Daniel, você precisou de muita coragem para vir até aqui. Isso mostra que você tem caráter. Aí está David. Ele não tem futuro. Mas você tem. Você deve a David, a sua mãe, a mim e a você próprio fazer o que é certo". Somente a graça de Deus poderia ter produzido tal ato de perdão. A mãe até pediu a McGrory que não usasse o verdadeiro nome do homem, acreditando que ele poderia se endireitar.

Matthew Malone, SJ, que não é parente do Pat anteriormente mencionado, escreveu para a revista *America*, em 7 de março de 2005, a respeito de um ato de perdão semelhante. O pai de Matt, um bombeiro, foi despertado uma noite por uma chamada de emergência, um acidente de carro. O motorista estava bem, mas o passageiro estava gravemente ferido e o senhor Malone percebeu que era seu próprio filho Joseph, que morreu logo depois. O motorista estava bêbado. No julgamento do motorista, pediram ao sr. Malone para dar uma declaração de vítima logo antes de a sentença ser proferida. Em geral, este pronunciamento pede uma sentença máxima. Eis aqui o que o sr. Malone disse:

> Meu filho Joseph era um jovem inteligente, de boa índole e com enorme potencial. O impacto emocional deste episódio na minha família foi devastador. Hoje o motorista do veículo está diante de vocês esperando a sentença. Admitiu sua culpa. Era amigo e colega de trabalho de Joseph, contudo, por seus atos impensados, Joseph está morto. Kenny não chegou àquela noite terrível com o pensamento de fazer mal a alguém, muito menos a seu amigo, mas o resultado é que um jovem está morto, nossa família sofreu e, não menos, ele próprio sofreu. Kenny vai ter que carregar o conhecimento do que fez para o resto de sua vida. Esse peso é muito maior do que qualquer castigo que qualquer tribunal possa determinar. Por esta razão, eu respeitosamente peço que esta corte escute o apelo dos pais e da família da vítima e apliquem a menor sentença possível. (p. 19)

Matt Malone acredita que seu pai foi capaz de perdoar a Kenny porque, como Jesus, pôde ver o ser humano diante dele. A graça de Deus dirigiu seu coração para pensamentos de perdão.

Você vai perceber que estas não são histórias de fontes piedosas. É claro que eu poderia lhes contar casos de pessoas que acompanho como diretor espiritual, mas você poderia facilmente descartá-las como algo que é a experiência da elite. Quis usar histórias da vida comum, porque este é o foco deste capítulo, isto é, Deus é encontrado em lugares e pessoas surpreendentes. Na verdade, Deus pode ser encontrado em qualquer lugar e a cada momento. Precisamos prestar atenção às boas notícias, não apenas às ruins que nos assaltam toda noite no noticiário e todo dia nas manchetes dos jornais. O mundo está cheio da imensidão de Deus. Existe motivo para esperança num tempo funesto, aliás, em qualquer tempo, porque Deus se tornou um de nós e partilha nossas vidas neste planeta. Deus tem um sonho, um sonho para este nosso mundo que é também o próprio mundo de Deus.

E, lembre, Deus está trabalhando o tempo todo para realizar este sonho. Certamente, um motivo para esperança. E razão para nós fazermos nosso melhor para entrar em harmonia com o sonho de Deus, para nossa própria felicidade e para o bem de nosso mundo.

9
Sábio conselho para tempos de grandes mudanças

Em *Stone Song: A Novel of the Life of Crazy Horse*, Win Blevins descreve com pungente minúcia o terrível dilema do chefe Lakota, Crazy Horse, quando ele e seu povo se encontravam diante do fim de seu modo de vida, com a chegada do povo branco. Até quase o fim do romance, Crazy Horse resiste ao confinamento forçado de seu povo nas reservas. Ele e outros Lakota veem a chegada do povo branco como o fim de uma era – a era do búfalo – e de seu modo de vida como um povo nômade que vivia do búfalo. No momento que precede sua decisão de entrar na reserva, por amor a seu povo, ele e outro guerreiro falam com seu mentor, um vidente chamado Horn Chips, que rumina sobre o modo como os tempos mudam:

> "Grandes mudanças às vezes chegam", disse ele, "Skan [vitalidade espiritual] circula, a vida circula. Não a cada sete gerações, mas a sete vezes sete ou cem vezes sete, chegam mudanças que são grandes demais para serem

previstas, grandes demais para compreendermos". Olhou para eles sombriamente. "Acredito neste ensinamento de Inyan [Espíritos]: Quando os costumes antigos estão mortos", disse, "significa que um novo caminho chegou. Não podemos discerni-lo ainda, mas está próximo. [...] "Penso que não veremos o novo caminho", disse Horn Chips. "Penso que não se tornará visível por sete gerações. Naquele tempo o arco do povo parecerá estar quebrado e a árvore florida parecerá ter murchado. Mas depois de sete gerações alguns verão, com o olho único que é o coração, e o novo caminho aparecerá".

Olhou diretamente para Crazy Horse, "O jeito antigo é belo. Voltamo-nos para trás e ao nos despedirmos lhe oferecemos nosso amor. Depois viramos para a frente e andamos adiante cegamente, oferecendo nosso amor. Sim, cegamente". (1995, 320-321)

Deste modo Horn Chips aconselha Crazy Horse a encarar as terríveis mudanças diante dele e de seu povo. Acredito que ele também nos dá um bom conselho – talvez porque o autor do romance, além de ter mergulhado na cultura Lakota, está imerso na nossa cultura.

Nosso tempo de grandes mudanças

Nós, tendo vivido qualquer período do século XX, experimentamos mudanças que vão muito além do comum. Horn Chips está certo. Às vezes chegam mudanças de maior alcance e mais desorientadoras do que o comum. Em tais períodos, que podem ocasionar severa ansiedade, as pessoas não conseguem compreender as mudanças ou preveni-las. Acredito que estamos vivendo num tempo que é tão revolucionário quanto qualquer outro na história.

O século XX testemunhou a convulsão de duas guerras mundiais; o Holocausto (e outros horrores similares de tentativas de genocídio); a guerra fria; o incrivelmente rápido crescimento da tecnologia; e a globalização de comunicações, da economia e da política. Por causa da estupidez e dos escândalos em altas posições, muitos perderam a confiança em nossos chefes como homens e mulheres de probidade, integridade e sabedoria. Organizações religiosas não estiveram a salvo de tal desconfiança. Nós católicos vimos mudar todo o nosso modo de vida nos anos que se seguiram ao Concílio Vaticano Segundo. Experimentamos também o escândalo do abuso sexual de menores por padres e religiosos e a tentativa de acobertá-los por bispos e superiores religiosos.

Além disso, novas filosofias levantaram questões sobre os fundamentos de nosso conhecimento e, por causa da mídia de massa, tais questões tocaram muitos homens e mulheres instruídos. Como podemos ter certeza de que sabemos alguma coisa sobre o nosso mundo? Estes fatos e tendências mudaram nosso mundo e nossa visão do mundo de maneiras que há um século seriam impensáveis.

Acredito que as mudanças que experimentamos durante a nossa vida traumatizaram pelo menos levemente a maioria de nós. Podemos não estar plenamente conscientes do trauma, mas ele está aí. Ao experimentarmos tensões e ansiedades no começo do novo milênio, devemos ter alguma compaixão por nós próprios e pelos outros.

Diretrizes para lidar com grandes mudanças

Vejamos o que o conselho de Horn Chips a Crazy Horse pode nos dizer enquanto enfrentamos estas maciças e inquietantes mudanças. Primeiro ele nota que em tempos tão tumultuosos não podemos prever o caminho à frente: "chegam mudanças que são grandes demais para serem previstas, grandes demais para compreendermos". Isto é uma dura afirmação. Sentimos que nós, ou pelo menos aqueles no comando, precisam ser capazes de compreender o que está acontecendo e saber para onde estamos indo. De outro modo nos sentimos perdidos e desorientados. Além do mais, queremos ter clareza sobre o futuro e algum controle sobre ele.

No entanto, de fato, nenhum ser humano na história tem clareza e controle em relação ao futuro. O futuro, precisamente como futuro, é incognoscível. Em todas as eras, não só em tempos de grandes mudanças, homens e mulheres tiveram que caminhar para o futuro com esperança e confiança, sem saber precisamente como as coisas resultariam. Isto ainda é mais verdadeiro em tempos como os que confrontaram Crazy Horse e os que nos confrontam. Poderia ajudar entender que o próprio Jesus de Nazaré teve que ir para sua morte na cruz, na fé, na esperança e no amor, sem saber como, mas confiando que seu Pai faria surgir luz desta escuridão: "Pai, nas tuas mãos entrego meu espírito!" (Lc 23,46).

Horn Chips diz: "Quando os costumes antigos estão mortos, significa que um novo caminho chegou. Não podemos discerni-lo ainda, mas está próximo". Este ensinamento de Inyan (Espírito) é compatível com a fé judaico-cristã num Deus criador, cujo Espírito age na história. Estamos experimentando o desaparecimento de nosso modo social, cultural e religioso de vida. O antigo modo está morto ou morrendo. Temos que confiar que nosso Deus continua a agir para realizar o projeto divino.

De fato, podemos nos consolar na nossa fé cristã de que, não obstante as aparências, na morte e ressurreição de Jesus de Nazaré, Deus fez tudo que é necessário para a salvação do mundo. Somos um povo que acredita que este mundo, por causa de seus laços físicos, biológicos, sociais e espirituais com Jesus de Nazaré, é divinizado, é inextricavelmente unido ao Deus trino. Quando mudanças cataclísmicas acontecem na ordem do mundo, precisamos ainda crer que o Espírito de Deus está conosco, como Jesus prometeu: "Quando ele, o Espírito da verdade, vier, vos conduzirá à verdade completa" (Jo 16,13). Assim, quando os velhos costumes estão mortos, significa que um novo caminho chegou, mesmo que nós não possamos discerni-lo ainda. Este novo caminho, entretanto, será consistente com o que Deus já realizou na vida, morte e ressurreição de Jesus e no envio do Espírito.

"Penso que não veremos o novo caminho", afirma Horn Chips. "Penso que não se tornará visível por sete gerações. Naquele tempo o arco do povo parecerá estar quebrado e a árvore florida parecerá ter murchado". Ele está dizendo a

Crazy Horse que não será possível discernir o caminho novo no período de suas vidas – na verdade, por muitas gerações. Além disso, parecerá que tudo está perdido.

Fé é essencial

Em nossos dias muitos são tentados a desesperar. O que foi que a vida, morte e ressurreição de Jesus em verdade realizou, quanto a estabelecer o reinado ou reino de Deus? Os horrores que os séculos XX e XXI têm gerado tornam difícil acreditar que o Espírito de Deus está vivo e ativo em nosso mundo. Pode realmente parecer que o plano de Deus foi abortado, que o reino de Deus fracassou. "Mas", alguém pode argumentar, "o reino de Deus é oculto e sobrenatural. Só aparecerá no fim dos tempos, num julgamento cataclísmico, no qual os justos serão recompensados e os maus, punidos".

Este tipo de salvação sobrenatural, entretanto, não dá muito alívio, nem faz justiça ao ensinamento e ministério de Jesus. Ele parece ter acreditado que o reino de Deus, que ele inaugurou através de seu ensinamento e ministério, tinha algo a ver com o mundo como ele o conhecia: "Ide contar a João o que acabais de ver e de ouvir: os cegos recuperam a vista, os coxos andam, os leprosos ficam sãos, os surdos ouvem, os mortos ressuscitam, a Boa-Nova é anunciada aos pobres" (Lc 7,22). Não acredito que teorias de um outro reino sobrenatural, diferente de nosso próprio universo, estejam de acordo com o que Jesus pregou e prometeu. Além disso, tais teorias, por fim, não confortam nem ajudam, não amenizam as ansiedades que roem as bordas de nossa consciência. Creio que a única maneira de ir em frente é permitir que estas ansiedades aflorem para a consciência, reconhecer que frequentemente chegamos quase ao desespero ante a situação de nosso mundo e se perguntar o que chegar ao reinado de Deus poderia significar. É em tempos assim que nossa fé é testada. Acreditamos em Deus ou não? O conselho de Horn Chips nos convida a uma meditação semelhante à que fizemos no capítulo anterior.

Quando ingressei na Companhia de Jesus em 1950, eu quase não precisava ter fé em Deus. A Igreja Católica Romana e a Companhia de Jesus estavam florescentes, os seminários e noviciados estavam repletos; igrejas, escolas e casas de retiro estavam sendo construídas e ampliadas em um ritmo sem precedentes. Podíamos acreditar no sucesso do trabalho de nossas mãos sem nem tomarmos conhecimento dele; podíamos acreditar na igreja e, quanto a nós, jesuítas, na Companhia de Jesus. Mas nos anos 1980 e 1990, com a total compreensão do impacto gerado pela diminuição de número no clero e nos religiosos, fomos questionados sobre se realmente acreditávamos em Deus e na ação de Deus no mundo. Acredito que precisamos encarar essa diminuição, para saber o que a fé em Deus realmente significa. Do mesmo modo que Abraão teve que acreditar que Deus seria fiel às suas promessas a respeito de Isaac, mesmo quando se preparava para sacrificá-lo; assim como Jesus teve que acreditar que Deus salvaria Israel e o mundo através da tragédia que foi sua crucifixão, também somos chamados a crer que o Espírito de Deus está ainda ativo neste mundo, apesar das aparências, e que Deus revelará o novo caminho àqueles que permanecerem fiéis.

"Mas depois de sete gerações", diz Horn Chips, "alguns verão, com o olho único que é o coração, e o novo caminho aparecerá". Esta é a nossa esperança e nossa fé. Precisamos crer que a nova maneira de ser um povo que crê na Ressurreição, nas circunstâncias mudadas de nosso tempo, será revelada a homens e mulheres de discernimento espiritual no tempo certo. Ademais, devemos continuamente implorar a Deus para nos ajudar a "ver com o olho único que é o coração" – isto é, ter corações de discernimento, corações que são disciplinados o suficiente para serem capazes de descobrir o "rumor de anjos" nestes tempos sombrios. A nova maneira pode não ser discernida na nossa época, mas devemos estar alertas aos sinais do nascimento que se aproxima.

A graça da sabedoria

"O jeito antigo é belo", observa Horn Chips. "Voltamo-nos para trás e ao nos despedirmos lhe oferecemos nosso amor." Este não é um conselho fácil de aceitar. Segui-lo é aceitar que o antigo está mesmo morto e não funciona mais. Quando um modo de vida é ameaçado, ficamos ansiosos – às vezes muito ansiosos. Este modo de vida deu sentido a nossas vidas, nos sustentou através dos altos e baixos da vida. Sustentou também nossos pais e avós e todos aqueles que se foram antes de nós, em nossos países, assim como em nossas igrejas e congregações. Admitir que este modo de vida não funciona ameaça nosso próprio ser e levanta perguntas sobre as tradições que nos transmitiram.

Existem pelo menos duas tentadoras posturas que podemos assumir ante tal ameaça. Podemos nos apegar ao velho modo de vida, como se nossas próprias almas estivessem em perigo. Por muito tempo Crazy Horse seguiu este caminho. Ou podemos aviltar o antigo caminho, considerando-o ignorante, ingênuo, opressivo ou pior. Alguns dos líderes Lakota seguiram este caminho.

A primeira atitude, levada ao excesso, leva à nostalgia, a uma idealização do passado e a esforços para conseguir sua restauração. Esta postura tradicionalista, que parece ter sido tomada pelo Arcebispo Marcel-François Lefebvre e seus seguidores, levou ao seu afastamento da Igreja Católica Romana e a sua excomunhão. É uma postura que muitos cristãos que não abandonaram suas igrejas parecem ter assumido com algum grau de beligerância. Antes de pensarmos mal de pessoas que adotam esta postura, podemos examinar nossas próprias reações aos grandes turbilhões de nosso mundo e em nossas igrejas, nos últimos trinta anos. Por exemplo, eu posso admitir ter experimentado, pelo menos ocasionalmente, ataques de ansiedade e dúvida enquanto abandonava antigas práticas católicas romanas de piedade – sentimentos desencadeados pelo pensamento de que eu poderia estar agindo contra o desejo e o desígnio de Deus. Aquele tipo de ansiedade e dúvida pode levar a adotar a postura tradicionalista.

A segunda postura, aquela de desacreditar o modo antigo, não deixa de ser uma tentação e uma forma de lidar com as ansiedades desencadeadas pela morte de um modo de vida. Levada ao excesso, leva a um chafurdar em histórias dos horrores do passado, ao ressentimento amargo do que aqueles com poder "nos" fizeram e à alienação das próprias raízes. Alguns ex-católicos parecem ter empacado nessa posição. De novo, antes de pensar mal de pessoas que assumem esta posição, olhemos para dentro de nossos corações. Tenho que admitir ter encontrado em mim tendências para esta posição e me metido a contar histórias de horror, como se nada de bom tivesse havido nos métodos antigos. Esta postura não apoia uma espécie de prazer oculto ante histórias de escândalos na hierarquia das lideranças da igreja? Não é fácil seguir o conselho de Horn Chips – isto é, reconhecer que o antigo modo de vida está de fato morto ou morrendo e continuar, contudo, a amá-lo.

Para seguir em frente na fé, na esperança e no amor, entretanto, é necessário ser capaz de seguir aquele conselho. Lembro o estágio final do desenvolvimento segundo Erik Erikson, que o caracteriza como a crise entre desespero e sabedoria. O desespero cresce porque não conseguimos aceitar a realidade de quem somos e nos tornamos. Sabedoria significa, como Erikson nota em *Childhood and Society*, "a aceitação de seu próprio e único ciclo de vida como algo que teve que ser e que, por necessidade, não permitiu nenhuma substituição: assim, significa um novo, um amor diferente dos pais" (1963, 268).

É importante, acredito, compreender onde Erikson quer chegar. Se, finalmente, eu aceitar quem sou agora, com defeitos e tudo, então eu aceitei tudo que me aconteceu e tudo que fiz na vida, o que houve de bom e de ruim, porque sou o produto de tudo que me aconteceu e tudo o que fiz. Além do mais, aceitei também minha ancestralidade, todos os santos e pecadores que contribuíram para o que sou e para o que me tornei. Aceitei os modos de vida que influenciaram meus ancestrais e a mim, com todas as suas deficiências e pontos fortes.

A igreja chegou a tal sabedoria quando cunhou a frase "Ó feliz culpa" para descrever o pecado de nossos primeiros pais – uma frase cantada durante o *Exultet* da liturgia do Sábado de Aleluia. Acredito que esta sabedoria brilha nas palavras de Jesus ressuscitado aos dois discípulos, na estrada para Emaús: "Não era preciso que Cristo sofresse essas coisas para entrar na glória?" (Lc 24,26). Jesus não seria o Messias que é agora se não sofresse como sofreu. Isso não significa que Deus decretara que o Messias devia sofrer desta maneira. Pelo contrário, significa que ele seria um Messias diferente se coisas diferentes tivessem acontecido – se, por exemplo, Israel tivesse se arrependido e acreditado na boa-nova. Para ser quem é, Jesus precisou se submeter à paixão.

Se podemos alcançar, ou melhor, receber a graça de chegar a tal sabedoria, então podemos olhar para trás, para nosso antigo modo de vida, com amor, e nos despedirmos dele com amor. Se nos for concedida esta graça seremos libertados do ressentimento e ansiedade enfraquecedores, que nos caracterizam quando assumimos qualquer das duas atitudes anteriormente descritas.

10
Esperávamos: meditação em tempo de crise

Escrevi esta meditação para a Páscoa de 2004, num tempo em que a Igreja Católica nos Estados Unidos estava sendo fustigada pela crise do abuso sexual. Parece apropriado incluí-la para ser usada em qualquer tempo, quando estivermos nos sentindo para baixo. Além disso, continua a reflexão sobre a história de Emaús, iniciada no capítulo anterior.

A Igreja Católica, que se mantivera soberana e orgulhosa depois da Segunda Guerra Mundial e da eleição em 1961 do primeiro católico para presidente dos Estados Unidos, o presidente John Kennedy, sofreu alguns duros golpes ao longo dos anos depois de 2002. Parecia não haver fim para a onda de histórias sobre a crise de abuso sexual. "Quando vai explodir a próxima bomba?", muitos de nós perguntavam em nossos corações, quando não em voz alta. Todos nós sentíamos os efeitos desta crise. E mais, os efeitos da queda precipitada do número de seminaristas diocesanos e de candidatos à vida religiosa, que começara no final dos anos 1960, e a saída do sacerdócio ativo, iniciada em torno da mesma época, de milhares de membros das congregações religiosas foi sentida agudamente mesmo naquelas áreas do país que haviam sido ricas em número de padres, tanto diocesanos como religiosos, e de irmãs e irmãos religiosos. Desnorteados com as histórias de abuso sexual, nós agora enfrentávamos a perspectiva de fechar paróquias que tinham sido a glória da Igreja no século passado. As mais recentes pesquisas sugeriam que os protestantes frequentam a igreja em número maior do que os católicos. Havíamos sido de fato rebaixados dos dias de glória dos idos do século XX.

Como estávamos respondendo a estes golpes? Nossas reações percorreram toda a gama de emoções, de tristeza e depressão a raiva e ressentimento. Não creio que seria possível caracterizar o humor de muitos encontros de católicos, quer para a missa ou outros eventos, como felizes e alegres. Havia um peso na atmosfera que revelava tristeza. E ainda, muitos católicos estavam furiosos. Os mais afetados eram, sem dúvida, os que foram abusados e suas famílias. Mas a crise de abuso sexual provavelmente havia enfurecido a todos nós, e a raiva se espalhava em direção a muitos alvos. Além do mais, os católicos estavam polarizados a respeito de muitos assuntos, e as posições pareciam estar endurecendo quando procurávamos entender o que nos acontecera como povo. Em muitos de nós o ressentimento estava manifesto. Como isso poderia ter acontecido com nossa igreja e conosco? Ressentimento leva a uma busca de causas, de alguém ou algo a quem culpar. O Vaticano II? A revolução sexual? Permissividade nos seminários e na sociedade em geral? Padres e bispos homossexuais?

Bispos que valorizavam mais a reputação da Igreja do que a segurança de crianças? A repressão de emoções e sentimentos nos seminários antes do Vaticano II? Celibato como requisito para ordenação? O fracasso de não ter mulheres representadas nos conselhos de tomada de decisão da igreja? Estas razões e muitas outras haviam sido apresentadas para explicar o que sucedera a nossa igreja.

Nesta situação, reconhecidas como presentes todas estas emoções entre nós, como um povo, se não presentes em cada um de nós, sugeri uma meditação sobre a história de Emaús em Lucas 24,13-35. Devo esta ideia a N. T. Wright, atual bispo anglicano de Durham, Inglaterra, que ofereceu tal meditação para a era pós-moderna em *The Challenge of Jesus: Rediscovering Who Jesus Was and Is*. Nós podemos fazer esta meditação quando quer que formos fustigados por tempestades de dúvida, raiva e ressentimento devido a como anda o mundo ou como vão nossas circunstâncias.

Lucas 24,13-35

No Evangelho de Lucas lemos uma história de dois discípulos, caminhando para longe de Jerusalém em direção a Emaús, numa manhã de domingo. Alguns comentadores admitem que poderiam ser um casal, Cléofas e sua mulher. Jesus havia sido morto e enterrado na sexta-feira. Na manhã de domingo eles tinham ouvido dizer que algumas mulheres tinham encontrado o túmulo vazio e tinham tido uma visão de anjos dizendo que Jesus estava vivo. Estes dois, entretanto, tinham saído de Jerusalém para Emaús sem nenhuma esperança. Como poderiam ter esperança? Como a maioria do povo de Israel, acreditavam que o Messias viria para salvar o povo de Deus de sua presente situação, de vassalo ocupado e submetido a Roma, e no processo começar o reinado de Deus para o mundo inteiro. Eles e os outros discípulos haviam acreditado que Jesus era este Messias. Mas então, ele havia sido cruel e vergonhosamente crucificado e morto. Não tinha como o que havia acontecido com Jesus se encaixar com ele ser o Messias.

"Esperávamos que fosse ele quem libertaria Israel", disseram ao desconhecido que encontraram na estrada (Lc 24,21). Suas esperanças haviam sido frustradas na sexta-feira. Os romanos mostraram quem detinha o poder matando Jesus de uma maneira degradante, humilhante. Deus não havia feito nada para impedir essa visível manifestação de poder. Portanto Jesus não poderia ter sido o Messias. No lugar da esperança, o desespero se apossou de seus corações. A notícia a respeito do túmulo vazio e as palavras do anjo não romperam o desespero. "Esperávamos, mas não há mais esperança agora."

Enquanto caminhavam na estrada para Emaús, devem ter cogitado o que fariam agora e podem até ter considerado se toda a expectativa de um Messias não teria sido uma quimera. Além de depressão e tristeza, poderiam também estar cheios de ressentimento; teriam eles ressentimento por se terem deixado levar por Jesus, uma vez que suas esperanças haviam se elevado tanto somente para serem frustradas? Talvez isso explique porque eles haviam deixado Jerusalém e seus outros companheiros para retornar a Emaús. Abandonaram, talvez sacudindo a poeira de seus pés, a comunidade onde haviam sido tão gravemente enganados. Não seria uma reação humana normal ao ver suas esperanças irem pelos ares? "Não vou alimentar minhas esperanças novamente. Vocês não me verão mais indo atrás de tolos que acreditam em contos de fadas."

Vocês se enxergam nessas duas pessoas? Conseguem ter empatia por eles, como vocês também haviam tido esperança? Sugiro que caminhemos com eles na imaginação e permitamos que venham à tona nossos sentimentos, neste tempo de crise da Igreja. Quais são seus sentimentos enquanto contempla a situação de nossa Igreja ou qualquer outra situação preocupante atual? Permita que todos os sentimentos aflorem. São a sua realidade agora, do mesmo modo que os sentimentos dos dois discípulos eram então a realidade deles.

Um recontar da história

Depois dos discípulos desabafarem sobre seu desespero, sua raiva, sua tristeza e seu ressentimento com o desconhecido, ele começou a contar-lhes a história de Israel de uma maneira que a morte de Jesus na cruz fazia sentido – na verdade, agora, era o único sentido possível para a história de Israel. Lucas não nos dá os detalhes do discurso do desconhecido, mas podemos preencher as lacunas sem muita dificuldade.

Em toda a história de Israel, Deus interveio para salvar o povo quando estava na pior situação, tendo chegado a esse ponto por sua própria loucura pecaminosa e aquela de seus líderes. Quando não tinham nenhuma esperança, Deus, uma vez mais, entrava em cena e lhes dava esperança.

Veja um exemplo da história de Israel. O profeta Ezequiel vivia no tempo do cativeiro babilônico, quando os israelitas haviam sido levados como escravos para a Babilônia e viviam longe da Terra Prometida. O profeta é levado pelo espírito para um vale cheio de ossos mortos e é indagado: "Filho do homem, será que estes ossos recobrarão vida?" (Ez 37,3). Claro que não; já estão secos e mortos. Mas manda-se que profetize sobre os ossos, "e puseram-se de pé e formaram um grande, um imenso exército". Deus então diz a Ezequiel, "Filho do homem, estes ossos são toda a nação de Israel. Eis que estão dizendo: 'Nossos ossos estão ressequidos, apagou-se nossa esperança e estamos aniquilados'. Por isso, profetiza dizendo-lhes: Assim fala o Senhor Javé: Eis que abro vossos sepulcros e vos faço ressurgir de vossos túmulos, ó povo meu, para reconduzir-vos à terra de Israel" (Ez 37,10-12). E Deus os trouxe de volta.

Talvez o desconhecido na estrada para Emaús tenha recontado tais histórias a esses dois discípulos, lembrando a eles que sua fé é em Deus e que Deus pode retornar os mortos à vida, pode salvar o povo, mesmo quando tudo parece perdido.

Corações ardentes

Enquanto o desconhecido lhes contava a história, uma história que incluía a morte de Jesus por crucificação, seus corações ardiam dentro deles, mas, aparentemente, eles não prestaram atenção à sensação do ardor até que Jesus partiu o pão com eles ao fim da caminhada. Por que ardiam seus corações? Aventuro-me a dizer que as palavras do desconhecido tocaram algo profundo dentro deles. Deixe-me explicar.

Como todos nós, eles foram criados pelo desejo de Deus, um desejo que nunca falha, que dura para sempre, que não conhece a morte e nunca pode ser apagado. Aquele desejo nos cria, nos faz quem somos; de fato nos torna desejáveis a Deus. E aquele desejo vive profundamente dentro de nós, atraindo-nos para o que Deus quer: a saber, nossa amizade e união. Aquele desejo evoca esperança em nós, uma esperança de que, aconteça o que acontecer, somos desejados por Deus e viveremos para sempre com Deus. O trauma da cruel morte de Jesus tinha sufocado aquela esperança por um período, mas as palavras do estrangeiro na estrada ativaram novamente a chama daquela esperança. Quando chegaram a Emaús, não quiseram deixar que o estrangeiro partisse e o convenceram a cear com eles.

No partir do pão eles reconheceram quem era o desconhecido e então entenderam porque seus corações haviam ardido enquanto ele lhes contava a história. A morte não triunfara, não tinha aguilhão. A crucifixão fora, na verdade, a vitória paradoxal de Deus. Eles se apressaram de volta para comunidade em Jerusalém, onde descobriram que seus companheiros também tinham boas notícias, como as deles; também eles, que haviam tido esperança, agora irradiavam esperança e alegria.

Para nós também, em qualquer tempo de provação e de abalo da esperança, esta história pode ser uma boa notícia. Mas precisamos deixar que ela nos toque onde estamos, em nossa tristeza, nossa raiva, nosso ressentimento. Convidemos o desconhecido, que não é nenhum desconhecido, a nos contar a história que fará nossos corações arderem novamente.

Parte IV
Sobre Deus e a vontade de Deus

❈

Quando nos envolvemos numa relação com Deus, aprendemos algo sobre nós. Aprendemos que ficamos aquém do sonho de Deus para nós e para nosso mundo. Mas aprendemos também que o amor de Deus por nós e seu desejo por nosso bem não muda com nossos fracassos. Deus ainda nos persegue. Portanto, ao refletirmos sobre nossa relação com Deus, aprendemos algo sobre ele. Nos capítulos seguintes lhes apresento algumas meditações sobre o que podemos aprender a respeito de Deus, comprometendo-nos com a relação de amizade que Deus deseja.

❈

Deus como dança

Esta meditação parece se encaixar bem depois da seção a respeito do discernimento e, ao iniciar algumas meditações sobre Deus, embora eu comece com a percepção de que muitas pessoas têm problemas com os pronomes e nomes próprios que utilizamos para nos referirmos a Deus. Veja como isso lhe parece.

O movimento feminista tornou muitos de nós conscientes da linguagem quase que exclusivamente masculina usada em relação a Deus. De fato, com certeza, Deus não é nem masculino nem feminino; Deus é Mistério, o Inominável. Tomás de Aquino diz que devemos negar, quase que no mesmo sopro, toda afirmação que fizermos sobre Deus. Fosse ou não por ironia, o romancista Graham Greene, em sua carta ao editor do *The Tablet*, há alguns anos, sugeriu usar o neutro para se referir a Deus, uma sugestão que não recebeu um apoio muito amplo. Acredito que o problema está enraizado precisamente na experiência do Mistério que chamamos de Deus. Quando encontramos Deus não temos nenhum problema em nos dirigirmos a Deus na segunda pessoa, como a um *tu* ou um *vós*, mas nenhum pronome de terceira pessoa dirigido a Deus é adequado à experiência[1].

Deus é pessoal

Duas sessões de direção espiritual me deram algum *insight* que pode ser de ajuda a outros. Um homem disse que sua experiência de Deus não era pessoal. Entretanto, quando ele falou sobre seus momentos de oração, notei que ele agia de uma maneira pessoal para com Deus. Deixava que Deus conhecesse suas preocupações e interesses e sentia a presença de Deus. Em outras palavras, agia como uma pessoa na presença de outra. Concluímos que o que ele quis dizer era que Deus não era uma pessoa no mesmo sentido que seu próprio pai ou um amigo.

A outra pessoa disse que Deus parecia com uma dança. Contudo, ela também agia de modo pessoal em relação a esta "dança". Ela sentia que Deus a amava e a libertara da

---

1. Um adendo precisa ser feito para os pronomes "você" e "they", que o autor chama de "neutro", no contexto. Ao ser utilizado, no português, como pronome pessoal do caso reto, "você" corresponde à segunda pessoa do discurso, concordando entretanto em sua conjugação com a terceira pessoa do singular. Sem entrar nas minúcias da questão, o autor, ao evocar a questão do uso de pronome neutro, se refere a uma situação para a qual não há equivalente exato na língua portuguesa: no inglês, o pronome pessoal da terceira pessoa do plural, "they", por vezes é utilizado como a terceira pessoa do singular em contextos em que o gênero da pessoa referida é desconhecido. (N. da R.)

autodestruição. Era grata a Deus e sentia calidez em relação a ele. Uma vez um revisor de livros mencionou uma observação feita pelo filósofo alemão Oswald Spengler de que a música é a única arte que pode transmitir a ideia de Deus. Reflitamos juntos sobre como experimentamos o Mistério que chamamos de Deus.

Em sintonia com Deus ou fora de sintonia

Tenho frequentemente descrito experiências de grande bem-estar, acompanhadas de um forte desejo de algo desconhecido, indicadoras de que pessoas que têm tais experiências podem estar sentindo sua própria criação como a menina dos olhos de Deus. Quando temos uma tal experiência, espontaneamente sentimos gratidão e louvor. A resposta é pessoal, embora não experimentemos Deus exatamente como uma pessoa qualquer que conheçamos. Deseja-se "um não sei o que", o todo. Entretanto, quase sem pensar respondemos a um "tu". Por exemplo, quando queremos dizer "Obrigado". Você consegue recordar tais experiências?

Às vezes nos sentimos como se estivéssemos na nossa melhor fase. Há anos, por um período de cerca de duas semanas, tive uma experiência assim. Sentia que estava fluindo, vivia no presente sem muita preocupação com o passado ou o futuro. Estava bem presente para as pessoas que encontrava, estranhamente consciente do que eles sentiam. Não estava preocupado se estava no lugar certo ou se estava fazendo as coisas certas. Experimentava o mistério das coisas e das pessoas. As pessoas comentavam que percebiam algo maior do que a vida comum quando estavam comigo. Lembro-me de estar num avião e escutar um neném chorando; sabia que os ouvidos do bebê estavam doendo por causa da pressão da cabine e senti a presença de Deus como uma presença tranquilizadora para a criança. Senti-me grato durante este tempo, senti-me em sintonia com Deus. Deus não era uma pessoa que eu pudesse imaginar. No entanto, me dirigia a Deus como "Tu".

Às vezes nos sentimos como que fora de ordem, em desacordo com o mundo, contra a correnteza. Podemos atribuir os sentimentos a uma má digestão, ao tempo, a dormir mal. Mas, com bastante frequência, quando refleti sobre tais experiências em mim, descobri que não me sinto sintonizado com o melhor de mim mesmo, meus ideais, minhas esperanças; há algo atormentando minha consciência ou estou evitando um olhar honesto sobre uma situação específica de minha vida. Por exemplo, em algum nível, posso saber que há algo de errado na maneira como estou me relacionando com o meu melhor amigo, mas tenho medo de olhar honestamente para a relação. Em tais circunstâncias, acredito que experimento Deus também. Minha resposta espontânea, uma vez que me permito tomar conhecimento do mal-estar, é pedir ajuda para encarar o que está errado e novamente me dirigir ao Mistério como "Tu".

Como mencionei antes, John Macmurray desenvolveu a ideia da criação do universo como a ação única de Deus. Deus está criando um universo e parece, com a revelação, que a intenção de Deus para esta única ação é que seja um ambiente onde todos os seres humanos possam viver em comunidade com Deus e, assim, como irmãos e irmãs uns dos outros, em harmonia com a criação inteira. Nossas ações podem estar sintonizadas ou fora de sintonia com a ação única de Deus. Se estiverem em sintonia, saberemos pelo sentido de satisfação e harmonia interior e exterior que experimentarmos. Inácio de Loyola chamaria tal experiência de "consolação". Se nossas ações não estiverem em sintonia, então nos sentiremos frustrados e infelizes. Inácio chamaria tal experiência de "desolação".

Não poderia ser que, quando experimentamos a sensação de bem-estar e o desejo forte de "não sei o que", estamos experimentando a ação criadora de Deus? Não poderia ser que quando estamos em sintonia com a ação única de Deus experimentamos o que descrevi como se deixar levar pela correnteza? Em *Gift from the Sea*, Anne Morrow Lindbergh compara um bom relacionamento com uma dança. É, diz ela,

> [...] construído sobre algumas das mesmas regras. Os parceiros não precisam se segurar apertados, porque [...] eles sabem que estão se movendo no mesmo ritmo, criando juntos um padrão, e sendo invisivelmente alimentados por ele. A alegria de tal padrão não é apenas a alegria da criação, ou a alegria da participação, é também a alegria de estar vivendo no momento. (1955, 104)

Essa descrição de um bom relacionamento parece encaixar na nossa experiência de Deus quando estamos em sintonia com o propósito único de Deus, vivendo tanto quanto possível como irmãos e irmãs de Jesus. E a descrição de ser um dançarino desajeitado parece ser apropriada à nossa experiência quando estamos fora de sintonia com o propósito único de Deus. Além disso, essas descrições me parecem coincidir admiravelmente bem com o que Inácio descreve como consolação e desolação.

O Deus triúno

Os cristãos acreditam que Deus é triúno, que há três "pessoas" em Deus. O que os teólogos dizem das três Pessoas é que a única qualidade que as distingue umas das outras é seu mútuo relacionamento. Talvez a melhor metáfora para descrever esta mutualidade de relações seja a dança. Bem separado da criação, em outras palavras, o Deus uno é dança: Pai, Filho e Espírito Santo são tão perfeitamente relacionados que nada os separa, exceto suas relações. Pode até ser que a dor que experimentamos quando amamos alguém profundamente e, contudo, não podemos ser perfeitamente um com ele ou ela, seja outra indicação de que somos feitos à imagem e semelhança de Deus, onde tal união é a realidade.

Dizer que Deus é experienciado como a música ao som da qual dançamos ou, de fato, como a própria dança, pode soar impessoal. Mas à música e à dança nos dirigimos como a "Tu". O Mistério, o Inominável, é o Tu para o meu eu. De fato, Jesus chamava o Mistério de Abbá, "Pai querido". A experiência de Deus que nós temos não pode ser plenamente capturada pela linguagem imaginativa tal como *Pai, Mãe, Amante, Amigo*. Entretanto, nos dirigimos ao Mistério como a um "Tu" e nos sentimos em relação a esse Tu como nos sentimos em relação ao melhor pai, mãe ou amante que jamais pudéssemos imaginar. De fato, como as relações interpessoais são o que nos torna mais humanos e de fato pessoas, temos que usar tal linguagem metafórica extraída de nosso mais elevado desenvolvimento para falar do encontro com Deus. O que é mais espantoso acerca da vida humana, neste misterioso cosmo, e o descobrimos através de experiência, é que é acolhedora, familiar, e que existe nela uma qualidade interpessoal que nos dá segurança, apesar dos vastos espaços e aparentes vazios em que habitamos. Espontaneamente falamos em termos pessoais com o Mistério que nos circunda.

O cuidado com nossa linguagem de Deus

Não existe ajuda para o problema de como nos referirmos a Deus, quando descrevemos, a outros, nossa experiência de Deus ou quando fazemos teologia ou catequese. Nenhum predicado nem pronomes de terceira pessoa podem capturar adequadamente o Mistério que encontramos. Mas podemos ser cuidadosos e ter consideração para com as sensibilidades uns dos outros. O movimento feminista nos prestou um serviço ao chamar a nossa atenção para o que significa para as mulheres sempre ouvir referências a Deus no masculino. Enquanto que nós sempre teremos dificuldade com a terceira pessoa em referência a Deus, a maioria dos que creem não têm nenhuma dificuldade em tratar Deus de forma pessoal e usar a segunda pessoa quando se deparam com o divino Mistério. Dizer "tu" parece ser a única linguagem apropriada.

12
Quem é Deus e como Deus quer que nos desenvolvamos

Nos capítulos anteriores refletimos sobre alguns efeitos de se engajar numa relação de amizade com Deus. Neste capítulo quero apresentar alguns pensamentos sobre a espécie de desenvolvimento humano que Deus deseja. O que deseja Deus para nós ao nos desenvolvermos como seres humanos?

Em *The Joy of Being Wrong*, uma original e densa obra teológica sobre, de todas as coisas, o pecado original, James Alison usa a antropologia de René Girard para desenvolver sua teologia do pecado original. Alison assume a posição de que nós não podemos entender a doutrina do pecado original ou mesmo, aliás, nenhuma doutrina cristã, a menos que, como os primeiros discípulos, comecemos pela experiência de Jesus ressuscitado. A primeira preocupação do Novo Testamento, defende ele, é "o anúncio de Deus". "A ressurreição de Jesus não foi um evento milagroso dentro do quadro pre-existente de entendimento de Deus, mas o evento pelo qual Deus reformulou a possibilidade do entendimento humano de Deus" (1998, 115). Em outras palavras, aprendemos quem é Deus através da morte e ressurreição de Jesus.

N. T. Wright, atualmente bispo anglicano de Durham, na Inglaterra, apresenta um ponto semelhante num artigo da *Bible Review*, em que argumenta que muito da teologia começou com uma noção opressiva de Deus, dentro da qual se tentou encaixar Jesus, produzindo assim

> [...] um Jesus que apenas parece ser verdadeiramente humano, mas, de fato, não é. Minha proposta não é que saibamos o que a palavra "Deus" significa, e consigamos de algum modo encaixar Jesus aí. Em vez disso, sugiro que pensemos historicamente sobre um jovem judeu, possuído por uma vocação desesperadamente arriscada, na verdade aparentemente louca, adentrando Jerusalém, denunciando o Templo, ceando uma vez mais com seus amigos e morrendo numa cruz romana – e que, de algum modo, permitamos que o significado da palavra "Deus" volte a se centrar nesse ponto.

Wright concordaria com Alison que precisamos incluir a experiência da Ressurreição para saber o que a palavra Deus significa. Ambos os autores afirmam enfaticamente que nós só podemos entender Deus, na medida em que é de fato possível entender a Deus, a partir do ser humano histórico, Jesus de Nazaré, e especificamente através de sua morte por crucificação e sua ressurreição. A partir daí, acredito que possamos compreender o tipo de desenvolvimento humano que Deus deseja.

A experiência da Páscoa

O que os primeiros discípulos experimentaram com a Páscoa? No capítulo 10 contemplamos a história dos dois discípulos na estrada de Emaús (Lc 24,13-35). Eles haviam esperado que Jesus fosse o Messias que libertaria Israel do jugo de governantes gentios. Mais do que isto, sua esperança a respeito do Messias, como a esperança de Israel como um povo, não era esperança para Israel apenas, mas para o mundo todo. Com a vinda do Messias, a vocação de Israel para ser a luz para os gentios se realizaria e todos os povos fluiriam para adorar o único Deus verdadeiro, o Deus que escolhera Israel para esta mesma vocação. Para os discípulos, estas esperanças haviam sido destruídas quando Jesus morreu a humilhante e aviltante morte de um criminoso numa cruz romana.

Para nossa compreensão de seu desespero, é importante entender que tinham existido judeus que se haviam considerado o Messias (e que influentes líderes religiosos consideravam ser o Messias) durante o século anterior e posterior ao tempo de Jesus. Suas mortes, a maioria por crucificação, eram prova de que cada um não era o Messias. Os discípulos não tinham nenhuma categoria de "Messias crucificado". Estas duas palavras não podiam coexistir. Além disso, Jesus morreu como uma vítima desprezada e degradada. Com este tipo de aplicação cruel da pena capital, Roma mostrava a seus vassalos quem era o líder, com efeito dizendo, "Vocês não têm nenhum valor para nós. Nós temos o poder. Vocês não são nada". Uma morte tão degradante não poderia ser a vitória de

Deus que o Messias viria estabelecer. Não é de estranhar que aqueles discípulos pudessem dizer ao estrangeiro que encontraram na estrada, "Esperávamos...". Suas esperanças estavam agora tão mortas quanto o próprio Jesus. Este desconhecido, entretanto, começou a contar a eles a história de Israel de uma maneira que dava sentido a esse aparente desastre. Era uma narrativa revolucionária da história, mas uma que havia sido mencionada pelos profetas, especialmente nos cânticos do Servo Sofredor do profeta Isaías. Foi necessário algum tempo para que o impacto completo de seu recontar da história fosse absorvido, conduzindo ao desenvolvimento da teologia cristã. Cada geração de cristãos, na verdade cada cristão, precisa assimilar a história, e seu pleno impacto e significado nunca se esgotam. As implicações da experiência da ressurreição de Jesus, na fé, têm relevância para a nossa compreensão do desenvolvimento humano, uma relevância que segue de mãos dadas com uma compreensão mais profunda de quem Deus é.

Significado para o desenvolvimento humano: a morte não tem aguilhão

Os discípulos experimentaram algo extraordinário. Na história, um ser humano que havia sido cruelmente executado foi elevado da morte para viver para sempre. A morte não tinha mais poder sobre ele, e segundo ele, tampouco sobre ninguém que acreditasse nele. "Eu vos afirmo e esta é a verdade: aquele que crê tem a vida eterna!" (Jo 6,47). Antes da morte e ressurreição de Jesus houve insinuações de que os mortos continuavam a viver, mas não havia nenhuma experiência que pudesse ser citada como base para esta crença. Além disso, os judeus que acreditavam na ressurreição dos mortos acreditavam que chegaria somente com os novos tempos introduzidos pelo Messias de Deus, quando todos os mortos se reergueriam juntos. Agora os discípulos experienciavam o mesmo homem que vivera com eles e que havia morrido na cruz, vivo e agindo na história.

Ademais, a existência continuada de Jesus, como um ser humano, era diferente das existências continuadas de Lázaro ou da filha de Jairo, que Jesus havia reerguido dentre os mortos, ambos os quais, presumimos, viveram vidas comuns até sua segunda morte. Jesus aparecia e desaparecia quando queria, por exemplo, e parecia se mover através de espaço e tempo de maneira incomum. Não era imediatamente reconhecido até que fizesse algum gesto familiar ou pronunciasse um nome. Finalmente, ele não morreu novamente, mas desapareceu de suas vistas, prometendo o dom do Espírito, que tornaria possível às pessoas a sua presença sensível até o fim do tempo, uma promessa cumprida em Pentecostes.

À medida que os discípulos absorviam estas experiências extraordinárias e refletiam sobre elas, eles tinham cada vez menos medo das perseguições e da morte. Por exemplo, em Atos, nós lemos que Pedro e os Apóstolos, depois de terem sido flagelados, estavam "contentes por terem sido julgados dignos de sofrer afrontas pelo Nome de Jesus" (At 5,41). Eram estes os mesmos apóstolos que haviam se acovardado atrás de portas fechadas, depois da crucificação de Jesus. E de Estevão, enquanto estava sendo apedrejado até morrer, lemos, "Enquanto o apedrejavam, Estêvão rezou: 'Senhor Jesus, recebe meu espírito'", e depois, "Senhor, não os responsabilizes por este pecado!" (At 7,59-60). A fé em Jesus parece mitigar ou remover o medo paralisante da dor e mesmo da morte. Este tipo de fé levou Paulo a proclamar:

> Quando este ser destrutível tiver assumido a indestrutibilidade e este ser mortal tiver assumido a imortalidade, então se cumprirá a palavra da Escritura: A morte foi tragada na vitória. Morte, onde está a tua vitória? Morte, onde está teu aguilhão? O aguilhão da morte é o pecado, e a força do pecado é a lei. Mas sejam dadas graças a Deus, que nos dá a vitória por nosso Senhor Jesus Cristo. (1Cor 15,54-57)

Como resultado da experiência da ressurreição de Jesus, os discípulos chegaram a uma compreensão mais profunda de Deus, o Criador. Deus nos cria para viver para sempre, e de alguma maneira corporalmente. É claro que a fé é necessária, mas é uma fé fundada na experiência dos primeiros discípulos, que viram e acreditaram. Jesus vive como um ser humano além da morte e nos diz que tal vida é nossa também, tanto quanto é dele. O desenvolvimento humano significa um crescimento na confiança no dom de Deus, da vida como eterna, que leva a mitigar o medo da morte.

Deus é amor que perdoa

Os discípulos também descobriram que Jesus, que na cruz havia perdoado seus torturadores, demonstrava agora sua capacidade de perdoar e seu contínuo amor e amizade por seus amigos que o haviam abandonado e negado. Além disso, ele lhes deu o poder de perdoar os pecados dos outros em seu nome. Deus não apenas era amor gratuito, mas também amor que perdoa. Deus perdoa até aqueles que abandonaram, negaram ou mataram o amado Filho. Se Deus conseguia perdoar tais pecados, então nada poderia separar os seres humanos do amor de Deus, exceto a recusa absoluta daquele amor. E mesmo então o amor de Deus não mudaria.

Ninguém que experimentou tal perdão em Jesus poderia continuar a definir Deus como alguém que condena aqueles que não andam na linha ou não seguem os mandamentos exatamente. Os seres humanos não são colocados neste mundo para cumprir as ordens voluntariosas de Deus. O que quer que a árvore do bem e do mal do Éden significasse, não significava uma exigência arbitrária de um Deus que não toleraria rivais, como a serpente insinuou: "Nada disso! Vós não morrereis! Mas Deus sabe que no dia em que dele comerdes, abrir-se-vos-ão os olhos e sereis como Deus, conhecendo o bem e o mal" (Gn 3,4-5). Deus não pode ser definido de modo algum como um rival de seres humanos ou preocupado com tal rivalidade. Deus é amor gratuito e compassivo. O desenvolvimento humano que Deus deseja é crescimento na aceitação do desejo de Deus de nos perdoar, não obstante o que tivermos feito, e o crescimento na confiança de que Deus não é um tirano exigente.

Deus quer que nos amemos uns aos outros e torna isso possível

Estes primeiros discípulos que tinham, durante a vida de Jesus e talvez imediatamente após sua morte, ficado presos num relacionamento de desconfiança e rivalidade entre eles (ver Mc 9,33-37; 10,35-45), encontraram dentro de si um amor uns pelos outros que a princípio deve tê-los deixado perplexos.

Agora, depois da vinda o Espírito, estes mesmos discípulos e seus novos convertidos são descritos assim:

> A multidão dos crentes como que tinha um só coração e uma só alma. Ninguém dizia que era propriedade sua nem um só de seus bens; pelo contrário, tudo lhes era comum. Os apóstolos davam testemunho da ressurreição do Senhor Jesus com grande poder. Todos possuíam a graça em abundância. Não havia necessitados entre eles. Todos os que possuíam terras ou casas vendiam tudo e levavam o dinheiro, e o entregavam aos apóstolos. A distribuição era feita de acordo com as necessidades de cada um. Assim é que José, um levita, nascido em Chipre e apelidado pelos apóstolos de "Barnabé" (que significa "filho da consolação") vendeu o campo que possuía e foi entregar o dinheiro aos apóstolos. (At 4,32-37)

Admitido que esta descrição possa ser idealizada, ela de fato aponta, entretanto, para uma realidade na primitiva comunidade cristã que era muito diferente do que havia se passado antes. Estes primeiros cristãos se encontravam não apenas não envolvidos em rivalidades uns com os outros, mas também realmente não metidos com ganância e usura, realmente generosos em dar e receber.

Ademais, os primeiros cristãos eram marcados por seu amor uns pelos outros, tanto que este amor se tornou testemunha da verdade de suas crenças segundo o que Tertuliano (*c.* 200 d.C.) proclamou: "É o nosso cuidado pelos desamparados, nossa prática de amorosa bondade que nos identifica aos olhos de muitos de nossos oponentes. 'Basta olhar', dizem, 'vejam como se amam uns aos outros!'". No seu estudo sociológico *The Rise of Christianity*, Rodney Stark (que cita a afirmação de Tertuliano, p. 87), sustenta que uma das causas do espetacular crescimento do cristianismo, em poucos séculos, foi este amor recíproco. A conexão do amor de Deus com o amor ao próximo, no pensamento e na ação judaico-cristãos, foi revolucionária, diz ele. Estas afirmativas sublinham a suposição deste capítulo, a saber, que uma nova ou pelo menos aprofundada compreensão de Deus e dos seres humanos veio ao mundo com a vida, morte e ressurreição de Jesus. E mais, o que veio ao mundo foi a crença comum de que era possível viver da maneira de Jesus e a prática comunitária daquele modo de viver. O desenvolvimento humano que Deus deseja é o crescimento na habilidade de amar uns aos outros.

A Trindade e os relacionamentos humanos

À luz da ressurreição, os primeiros cristãos chegaram a compreender que Deus é intrinsecamente relacional e que, por ser Deus quem é, nós também somos intrinsecamente relacionais. A doutrina da Trindade só foi elaborada gradualmente, mas logo de início os cristãos reconheceram que Aquele a quem Jesus chamava de Pai, o próprio Jesus e o Espírito que dava vida aos cristãos eram um único Deus, embora distintos de e em relação entre si. Os três são tão unidos em seus relacionamentos mútuos que estes relacionamentos são Um Mistério que chamamos de Deus. Não há nenhuma rivalidade entre eles, amam absolutamente uns aos outros.

Os seres humanos são feitos à imagem e semelhança do Deus Trino. Com a experiência da vida, morte e ressurreição de Jesus, inspirada pela fé, os cristãos chegaram a compreender os seres humanos como intrinsecamente relacionados e chamados, desde o começo, a ser como Deus em seus relacionamentos. Este é o tipo de desenvolvimento humano que Deus deseja.

Aquilo de que somos salvos

Voltamo-nos agora à compreensão dos primeiros cristãos de que haviam sido salvos de algo que contaminava suas vidas e as vidas de todos os outros no mundo, aquilo que Paulo, em Romanos 5, chama de consequências do pecado de Adão. Mais cedo, Paulo havia escrito que "Todos pecaram e estão privados da glória de Deus, e todos estão sendo justificados gratuitamente pela sua graça, em virtude da redenção realizada por Jesus Cristo" (Rm 3,23-24). Por causa da salvação que eles haviam recebido, e que estavam experimentando na fé, os primeiros cristãos entenderam que eles e todos os seres humanos haviam estado numa situação de pecado. Como Alison comenta, "o conteúdo do pecado original só é conhecido no processo de seu perdão" (*Faith Beyond Resentment*, 1998, 140). De que estamos sendo salvos? Se só podemos conhecer seu conteúdo ao ser perdoados, percebemos então os contornos do pecado original ao permitirmos ser abraçados pela graça salvífica de Jesus Cristo. A experiência, na fé, de sua vida, morte e ressurreição nos salva de um relacionamento incapacitante e em última instância pecaminoso com Deus, uns com os outros e com o universo.

Da rivalidade com Deus

Nós seres humanos queremos ser como Deus, ser imortais, mas desejamos esse dom não por aquilo que ele é, mas como algo a que nos apegamos e que controlamos. As palavras da serpente induzem Eva a tentar fazer isto. Perceba que nossa tentativa de alcançar a semelhança a Deus é baseada no medo de não podermos tê-la a menos que a alcancemos por nós mesmos. Agimos como se estivéssemos num relacionamento de rivalidade com Deus. Mas a experiência de salvação nos revela que aquilo a que estamos nos agarrando nos foi dado livremente, porque Deus é amor gratuito. Deus nos deseja criar precisamente para que possamos ser como Deus, para que possamos ser amigos de Deus, para que possamos viver para sempre. Na medida em que acreditamos no Deus revelado por Jesus, nos libertamos do medo e podemos aceitar ser, viver e tudo mais como dons gratuitos que são. "No amor não há lugar para o temor: o perfeito amor expulsa o temor, pois o temor supõe o castigo, e o que teme não é perfeito no amor. E nós amemos a Deus, porque ele nos amou primeiro!" (1Jo 4,18-19).

Da rivalidade recíproca

Além disso, nossa experiência de salvação moldada por Jesus nos liberta para amar uns aos outros e revela que os limites de tal amor não podem ser estabelecidos sem incluir toda a raça humana. Ao ser salvos reconhecemos que em nada diferimos dos outros, que estamos todos aquém do que Deus almeja para nós em nossos relacionamentos com ele, com os outros e com o universo. Quando, por exemplo, olho nos olhos de Jesus na cruz e o escuto dizer, "Pai, perdoa-lhes, porque não sabem o que fazem", sei que ele se refere a mim também, não só àqueles que estão ali o crucificando (Lc 23-24). Também eu pequei e falhei. Fui pusilânime e covarde e medroso o bastante para que também pudesse ter sido um de seus crucificadores ou seu traidor, tivesse eu estado lá. Tenho tanta necessidade do seu perdão como qualquer outro ser humano e, se fui resguardado daquilo de pior que algum de nós possa praticar, é apenas pela graça de Deus. Meus irmãos e irmãs em cumplicidade estão em toda parte e é oferecido a todos nós igualmente o amor de Deus, que perdoa; somos filho e filhas amados, que se desviaram. Não posso excluir ninguém do círculo, porque Deus não exclui ninguém dele. A única maneira que alguém tem de sair dele é por autoexclusão, recusando o amor e perdão oferecidos e fazendo isto definitivamente e para sempre, um terrível risco que Deus assume ao nos criar à sua própria imagem.

Da necessidade de bodes expiatórios

A partir deste ponto de vista estamos livres de procurar alguém a quem culpar por nossas dificuldades. Desde a história dos primeiros homem e mulher no Gênesis, nós humanos vivemos tentando jogar sobre os outros a culpa do que dá errado. Adão culpa Eva; Eva culpa a serpente. Todos nós queremos fugir de nossa própria cumplicidade no estado pecaminoso de nosso mundo. Ao fazê-lo, frequentemente procuramos bodes expiatórios e fazemos com que eles carreguem nossa culpa, como os israelitas faziam, no deserto, com bodes de verdade. Esta busca por algum outro a quem culpar leva ao fanatismo, à estigmatização e, levada às últimas consequências, a tais horrores como a "solução final" do Holocausto, os campos de extermínio do Camboja e ao genocídio estarrecedor em Ruanda, todos de que, só no século passado, fomos testemunhas. Jesus morreu, entre outras razões, por causa desta busca por um bode expiatório. Caifás, o sumo sacerdote, declarara aos que tentavam proteger Jesus, "Vós não entendeis nada!

Não compreendeis então que é melhor para vós morrer um só homem pelo povo, do que ser destruída toda a nação?" (Jo 11,49-50). Jesus, o próprio Filho de Deus, foi o bode expiatório derradeiro. A procura de bodes expiatórios é parte do estado pecaminoso do qual fomos salvos.

Do individualismo

O que entendemos enquanto vamos sendo libertados para amar nossos semelhantes é que temos vivido fora de sintonia com o desejo criativo de Deus, que nos traz à vida para amar uns aos outros. Compreendemos que nossos relacionamentos são problemáticos porque estão baseados não no amor aos outros, mas no temor por nós mesmos. Preocupação consigo mesmo conduz, em última instância, a um individualismo contrário ao Deus trino, à cuja imagem fomos criados.

Uma nota sobre concupiscência

Os efeitos do pecado de Adão ainda permanecem em nós, numa tendência a retornar àqueles modos de compreender a vida e vivê-la que estão em dissonância com a natureza de Deus e com o sonho de Deus ao nos criar. Teólogos chamaram este efeito do pecado original de "concupiscência", uma tendência a permanecer aquém da glória de Deus. Mas temos a possibilidade de contínua conversão para afastar-nos desse efeito, porque o Espírito Santo nos foi dado. Podemos, pela graça do Espírito, nos desenvolver para chegar ao tipo de seres humanos que Deus deseja. Somos chamados a nos tornarmos "amigos de Deus e profetas" (cf. Sb 7,27) à imagem de Jesus, e recebemos a graça para fazê-lo.

Conclusão

Dois comentários finais são apropriados. Primeiro, tornamo-nos amigos de alguém entrando num relacionamento confiante e transparente com essa pessoa. No processo do crescimento da amizade, amigos desenvolvem valores, sonhos e esperanças partilhadas. Em outras palavras, se tornam semelhantes. Para crescer como amigos de Deus, à imagem de Jesus, precisamos nos comprometer com esse relacionamento de confiança e transparência com Jesus e com seu Pai. Tal compromisso é chamado de oração. À medida que vamos conhecendo e amando mais Jesus, crescemos em semelhança com ele e assim na semelhança com Deus.

O segundo comentário tem a ver com o alcance dessa noção de desenvolvimento humano. Aquilo no qual nós cristãos acreditamos não é nenhuma doutrina misteriosa que tem relevância apenas para nós. Não, nosso Deus é o único Deus verdadeiro, e Jesus de Nazaré, uma pessoa histórica, é o Filho de Deus, erguido corporalmente dos mortos. Em outras palavras, acreditamos que, em Jesus, Deus está presente e encarnado na humanidade eternamente. O que Gerard Manley Hopkins escreveu é literalmente verdadeiro: "O mundo *está* cheio da imensidão de Deus". Deus cria nosso mundo para chamar todos os seres humanos para o tipo de desenvolvimento modelado, para nós, por Jesus. Este tipo de desenvolvimento humano é esperança para o mundo inteiro. Somos chamados a ser amigos de Deus e profetas desta esperança para nosso mundo. Mas seria estranho ao modo de Jesus tentar impor nossas crenças aos outros. Devemos fazer o que fizeram os antigos cristãos, testemunhar a verdade a respeito deste mundo real com nossas palavras, mas especialmente com nossas vidas.

13
Como Deus reage a nós

Ao final do romance *Black Robe* de Brian Moore, o padre jesuíta Laforgue está batizando Hurons, no Canadá francês, sabendo que o batismo dele significaria o fim de sua civilização. Testemunhou a trágica luta de culturas diversas no Canadá francês colonial; ele próprio fora torturado por nativos americanos e por vezes se questionou sobre a existência de Deus. O romance termina com estas palavras: "E lhe veio uma oração, uma oração verdadeira, enfim. 'Poupe-os. Poupe-os, ó Senhor. Tu nos amas?' 'Sim'" (1997, 256). Com estas poucas palavras o romancista pega um dos mais profundos desejos do coração humano: saber em nossos corações que Deus nos ama, individualmente e como um todo. Queremos saber que Deus reage favoravelmente a nós, embora nos sintamos tão profundamente quebrados ou pecadores quanto pe. Laforgue. Mas como sabemos que a voz que Laforgue escuta, ou a voz que nós escutamos, é verdadeiramente a voz de Deus? A reflexão sobre algumas experiências me ajuda a entender como discernimos as reações de Deus na nossa experiência do dia a dia. Espero que ajudem também você, leitor.

Na manhã de 16 de novembro de 1989, recebi uma ligação que me contava do brutal assassinato de seis jesuítas, uma cozinheira e sua filha em El Salvador. Toda vez que permitia que as imagens destes homens e mulheres assassinados me tocassem, vinha um sentimento de horror e repulsa, uma virada de cabeça involuntária como que para espantar essa visão. Meu sangue começava a ferver e uma raiva quase assassina brotava em mim quando imaginava os assassinos. Mesmo agora, enquanto escrevo estas linhas, experimento algo daquela mesma onda de sentimentos e emoções. Na missa em memória deles, chorei abertamente algumas vezes e, ao fim da missa, mal pude pronunciar meus agradecimentos aos que participaram, a tal ponto fiquei sufocado por um misto de emoções.

Naquele mesmo dia levei quatro estudantes do Boston College para um retiro que duraria até o dia seguinte. Passaríamos um tempo em oração pessoal para pedir a Deus que nos ajudasse a experimentar nossa própria criação, a criação do mundo e o sonho de Deus para nós. No decorrer da tarde, da noite e da manhã seguinte passamos três horas em oração pessoal e, após cada período de oração, nos encontrávamos para falar sobre o que havia acontecido durante nosso tempo de oração. Pouco antes de uma das sessões de oração, descobri que minha sobrinha havia dado à luz a sua primeira filha, Cara Anne. Com o Salmo 138(139) como pano de fundo, comecei a rezar. Imaginei minha sobrinha e seu esposo segurando sua filha em seus braços, encantados com o milagre que ela era. De repente pensei que esta imagem não passa de uma pálida imagem do encanto de Deus com Cara Anne e com cada bebê nascido neste mundo. Estava prestes a chorar ao sentir o crescente amor e o desejo que parecia incomensuravelmente maior do que meu coração podia conter. O desejo de Deus traz Cara Anne e todo ser humano à existência. Quão incrivelmente precioso cada um de nós é para Deus! Não podia duvidar que estava experimentando algo da reação de Deus diante de cada preciosa vida neste planeta.

Meus pensamentos se voltaram para os horrores acontecidos naquele mesmo dia, em El Salvador. Oito dos preciosos filhos de Deus haviam tido suas vidas brutalmente arrancadas e seus corpos profanados. Como Deus reage a tal horror? Senti novamente algumas das mesmas emoções que anteriormente descrevi. Depois de séculos de crueldade humana presenciados por Deus, me pergunto se minha consternação reflete a reação de Deus. Talvez Deus ainda franza a testa (figurativamente), sem compreender a desumanidade humana.

Mas e quanto a minha raiva homicida pelos assassinos, meu desejo de vingança? Estas emoções são um reflexo da reação de Deus? Deus deseja vingança? Por alguma razão estas emoções não duraram muito. Eu queria que o ciclo de vingança e assassinato parasse, não desejava ter nenhuma participação no seu prosseguimento. Fui quase submerso novamente num pesar e numa dor profundos e senti crescer em mim um grito de angústia, como se Deus estivesse dizendo: "Isto não é o que queria. Quero que todos os que chamo à vida vivam como irmãos e irmãs e que vejam o que estão fazendo uns aos outros". Minha ira e desejo de vingança desapareceram no pano de fundo. Para sua própria salvação, os matadores terão que reconhecer o que fizeram e viver com sua própria culpa, mas acredito que Deus não quer vingança. "Olho por olho" não é valor de Deus. Creio que experimentei algo da reação de Deus ante a brutalidade e desumanidade de seres humanos que, apesar de tudo isso, são ainda preciosos aos seus olhos.

Os estudantes haviam também tido suas experiências de Deus e as partilharam no grupo. Uma jovem disse que um sentimento de grande paz a envolveu enquanto lia as primeiras linhas do Salmo 138(139): "Senhor, tu me examinas e conheces, sabes quando me sento ou me levanto. Tu penetras de longe os meus intentos, percebes se caminho ou se repouso, são rotina aos teus olhos os meus passos". Sentiu-se segura e não mais ansiosa e preocupada consigo mesma. Outros estudantes também se sentiram seguros e exultantes com a ideia de que Deus tinha grandes sonhos para cada um deles e queria o melhor para eles. Sentiam também um certo medo daquilo que Deus poderia desejar para eles, medo do desconhecido e do desafio. Enquanto conversavam, não tinham dúvida de que haviam experimentado as reações de Deus a eles. Nem eu tão pouco duvidava.

De fato, depois da terceira sessão de oração, uma estudante verbalizou seu desconforto e até irritação ante Deus parecer tão desejoso de perdoar e recolocá-la a ela e a nós nas suas boas graças, sem exigir um preço. Interpretei esta reação como outra indicação de que ela estava encontrando Deus e não suas próprias projeções. Somos criados no amor condicional e não sabemos como lidar com o amor incondicional de Deus. Esperamos ter que conquistar amor e perdão, não os receber como dádivas gratuitas. Jesus descreve a reação de Deus na parábola do filho pródigo, que é na verdade a história do pródigo pai (Lc 15,11-32). Com bastante frequência nossa reação é a do filho mais velho naquela mesma parábola, que tem a expectativa de que nossa relação com Deus seja baseada num *quid pro quo*.

Ao falarmos de nossas experiências na oração, senti-me profundamente feliz e admirado com a bondade destes jovens que, com tanta facilidade, partilhavam uns com os outros suas experiências de Deus. Enquanto refletia sobre minhas reações, novamente cheguei à conclusão de que Deus demonstrava contentamento com estas conversas e conosco, que levávamos nossa relação com Deus tão a sério.

A onda de simpatia e compaixão pelos mártires de El Salvador e pelo pobre povo daquele país devastado me atingiu como outra indicação da reação de Deus para conosco. As pessoas estavam experimentando o dom do Santo Espírito de Deus, nos atraindo à compaixão e à solidariedade para com todos aqueles que sofrem. Nós, jesuítas, ficamos surpresos com quantas pessoas, de todas as esferas da vida, se deram ao trabalho de nos escrever ou nos falar uma palavra de pêsames e solidariedade. Uma das cartas mais tocantes foi endereçada por quatro estudantes do Boston College à comunidade jesuíta. Diziam: "Através de nossa relação com a comunidade jesuíta do Boston College, chegamos a nos sentir parte da família jesuíta. Estes padres, como os jesuítas do Boston College, exemplificaram seu ideal de serviço aos outros através de seu compromisso em educar para a fé, paz e justiça. Suas mortes nos deixaram com um sentimento ainda mais forte sobre sua missão, que desejamos seguir. Chegamos a nos sentir parte da Companhia de Jesus e assim permanecemos solidários com vocês neste tempo de dor".

Aqui também percebo, em suas palavras, um eco da reação de Deus em face desta situação estarrecedora, Deus nos unindo numa só família.

Finalmente, uns poucos dias depois, alguém que estava profundamente perturbada pelos assassinatos me disse que tinha tido uma experiência avassaladora de amor pelo povo de El Salvador. Imagens de rostos variados desfilaram diante de seu olhar interior e ela ficou repleta de amor e compaixão por eles e por toda a raça humana, a tal ponto que seu coração quase não o podia suportar. Estava convencida de que havia experimentado, de uma pálida maneira, as reações do próprio Deus ante os sofrimentos dos seres humanos.

Acredito que podemos chegar a conhecer as reações de Deus para conosco através da experiência e não apenas através de reflexão teológica. As experiências sobre as quais refleti neste ensaio não são estranhas a nenhum de nós. Só precisamos prestar atenção às nossas reações ao nos depararmos com a vida ao nosso redor e chegaremos a discernir, na nossa experiência, a reação de Deus diante daquela vida e de nós. "Tu nos amas?" "Sim".

Parte V
Sobre o impacto da amizade com Deus em nós

❉

Quando nos relacionamos na amizade com Deus aprendemos algo, não apenas sobre Deus, mas também sobre nós mesmos. Nesta parte final coletei algumas meditações sobre o que aprendemos sobre nós mesmos. Espero que elas o ajudem na sua amizade com Deus. Talvez também acendam lampejos de *insights* seus, que brotam a partir de seu compromisso com Deus.

❉

14
Mudando nossa imagem de Deus

As palavras "Deus nos ama" saem facilmente de nossa boca, mas não parecem conduzir, para a maioria de nós, a reações instintivas de felicidade e animação quando pensamos em Deus. Entretanto, essas são nossas reações instintivas na presença de alguém que temos certeza que nos ama. Uma vez vi uma foto de crianças pequenas tirada logo depois que alguém havia dito "Vamos rezar". Seus rostos e corpos estavam contorcidos, suas mãos postas apertadas. Alguns olhavam para baixo e outros para o ar. A foto era mostrada para causar um sorriso e o fez. Mas também me doeu quando refleti sobre ela. Estas crianças não pareciam ter acabado de ouvir um chamado para encontrar com alguém que as amava muito. Qual seria o resultado na vida futura?

Percebo que nos momentos em que baixo a guarda tenho uma imagem "padrão" de Deus. Tomo a ideia de um padrão do uso do computador, para o qual uma configuração *default* é a que automaticamente aparece, a menos que se especifique outra. Por exemplo, no meu processador de texto a fonte padrão é Times New Roman e o tamanho padrão de fonte é 12. O computador automaticamente usa estes padrões, a menos que eu dê outras especificações. Quando falo de uma imagem padrão de Deus me refiro à imagem que dá o tom a minhas reações espontâneas ao ouvir uma menção a Deus.

Quase sem pensar tendo a pedir perdão pelos meus pecados passados, ou a pedir favores, e me encolho quando imagino que Deus sabe tudo a meu respeito. Portanto, minha imagem espontânea de Deus não representa o que tenho visto com frequência em pais amorosos, seu puro deleite em seus filhos e, quando adultos, pelo menos o gosto por sua companhia. Não associo essa imagem a Deus, pelo menos não por padrão. Meu padrão se parece mais com Deus me apontando um dedo ao me culpar ou somente me olhando com alguma tristeza.

Muita gente tem uma imagem padrão semelhante de Deus, talvez como resultado do mesmo tipo de ensinamento que levou as crianças da foto a torcerem o rosto e o corpo ao ouvirem as palavras, "Vamos rezar". Assim, ainda que as palavras "Deus nos ama" possam sair facilmente de nossa boca, não parecem ter muito impacto na maneira como nós nos relacionamos espontaneamente com Deus. Quais são as razões para este padrão e sua persistência, e como podemos modificá-lo?

A imagem padrão do "eu" em relação a Deus

Enquanto estamos crescendo, todos nós desenvolvemos maneiras de fazer com que nosso mundo faça sentido. Estas maneiras são estruturas ou padrões que reduzem a ansiedade e nos possibilitam funcionar num mundo muito complexo. Entre estas estruturas psicológicas estão padrões que nos ajudam a lidar com relações interpessoais. Nossas reações iniciais a pessoas novas que encontramos são em parte condicionadas por tais padrões, que aprendemos desde a infância. Esses padrões do "eu" em relação aos outros poderiam ser considerados como nossos padrões para dar sentido a nós mesmos em relação aos outros. Estes padrões trabalham, em geral, sem que percebamos.

Desenvolvemos também um padrão de nós em relação a Deus, um padrão que é derivado de, e como consequência, colorido por outros padrões pessoais que desenvolvemos, no curso de nossas vidas, ao lidar com pessoas importantes para nós. Assim, nossas relações com nossos pais e outras figuras significativas de autoridade da infância afetam nosso modo de relacionar com Deus.

Ademais, começamos a desenvolver este padrão do "eu" em relação a Deus quando somos apresentados pela primeira vez à ideia de Deus, e isso é preenchido pelas imagens de Deus que nos ensinaram na infância e como nós, quando crianças, internalizamos essas noções e imagens. Nosso próprio padrão do "eu" em relação a Deus tem, pois, como todos os nossos padrões de relacionamento de nós mesmos em relação ao outro, alguns aspectos primitivos. Além disso, já mais tarde, muitos de nós não demos espaço para que se desenvolvesse o padrão do "eu" em relação a Deus, nas nossas vidas adultas. Como consequência, muitos de nós andamos por aí com um padrão ainda bastante subdesenvolvido. Esse padrão pode ser idólatra, por estar muito longe da realidade de quem Deus é e quer ser para nós.

Uma vez que se desenvolveu quando éramos muito jovens, poderá ser muito difícil de mudar. O padrão "eu" em relação a Deus que desenvolvemos é uma maneira de atribuir sentido aos grandes mistérios da vida neste mundo, especialmente o mistério de acidentes, dor, perda e morte. Por que afinal de contas existimos é uma das questões fundamentais que confronta qualquer um que se torna consciente da fragilidade da vida neste planeta. Crianças tomam conhecimento desta fragilidade através da morte de animais de estimação, de irmãos, de avós, de amigos. Com frequência, Deus é invocado como aquele que causa estas mortes. Como consequência, as crianças podem internalizar algumas imagens terríveis de Deus. Frequentemente também adultos procuram amenizar o golpe sentido pelas crianças com afirmativas como, "Deus levou a vovó porque a ama". A criança fica a pensar quem será a próxima pessoa que Deus vai tirar dela por causa desse amor. Mas, mais fundamentalmente, Deus é invocado para dar sentido a esses acontecimentos terríveis e acalmar a ansiedade ligada a eles. Padrões desenvolvidos para lidar com forte ansiedade tendem a ser relativamente rígidos e difíceis de mudar.

Como esse padrão de relacionamento com Deus é, com frequência, bastante reforçado pelo ensinamento autoritário da Igreja, pode ser ainda mais difícil de ser mudado. Mudar uma imagem de Deus aprendida na infância pode parecer perigoso para a nossa fé em Deus. Além disso, muitos de nós, mesmo os que alcançam uma educação superior, podem não ter tido a imagem de Deus de algum modo desafiada, por não se terem envolvido em nenhuma aprendizagem teológica ou religiosa desde a infância. A analogia com um padrão ou *default* num computador é falha neste caso, porque a imagem padrão de Deus não pode ser trocada ao se apertar um botão ou apenas com o desejo de fazê-lo.

Mudando o padrão

Aí surge a pergunta, "Como podemos mudar o padrão?". Precisamos começar com um fato claro, que é que nossa imagem de Deus, pelo menos nesta vida, nunca será adequada à realidade de Deus, porque Deus é o Mistério que nunca podemos alcançar ou compreender. A palavra Deus é apenas um indicador em direção àquele Mistério. Deus é, como Santo Inácio de Loyola costumava dizer, "sempre maior" do que qualquer coisa que podemos alcançar ou saber. Em *A Grief Observed*, C. S. Lewis aponta:

> Imagens do Sagrado se tornam facilmente imagens sagradas – sacrossantas. Minha ideia de Deus não é uma ideia divina. Precisa ser quebrada repetidas vezes. Ele próprio deve quebrá-la. Ele é o grande iconoclasta. Poderíamos quase dizer que esta ruptura é uma das marcas da Sua presença. (1976, 76)

A única esperança que podemos ter é que nossa imagem de Deus se torne mais adequada à realidade de Deus. Como isso pode ocorrer? Uma maneira é escutar e ler mais a respeito do Deus, nos teólogos e autores espirituais cuja percepção de Deus é mais adequada à realidade. Muitos de nós necessitamos de educação corretiva em assuntos de Deus. Tenho esperança que ler este livro possa ajudar a mudar a sua imagem padrão em relação a Deus.

Contudo, a educação teológica só é bem-sucedida até certo ponto em mudar padrões profundamente enraizados, emocionalmente carregados e inconscientes. Algo mais é preciso. Acredito que muitos de nós necessitam de ajuda para desenvolver uma tal confiança no amor de Deus por nós para, gradualmente, chegarmos a alterar as nossas próprias imagens padrão de Deus. O propósito de muito da nossa formação religiosa e espiritual, eu creio, deveria ser ajudar as pessoas a desenvolverem uma profunda confiança em Deus.

O psiquiatra britânico J. S. McKenzie há muito colocou o assunto desta maneira:

> A *alegria em Deus* deveria ser o supremo fim da técnica espiritual, e é nesse nosso deleite em Deus que nos sentimos salvos, não apenas no sentido evangélico, mas a salvo: somos conscientes de pertencer a Deus, e consequentemente nunca estamos sozinhos; e, na medida em que temos estes dois, os sentimentos hostis desaparecem. [...] Nessa relação, a Natureza parece amigável e singela. Mesmo seus imensos espaços, em vez de provocar terror, falam do infinito amor; e a beleza mais próxima se torna a roupagem com que o Altíssimo Se reveste. (Citado em Guntrip, 1957, 200)

Experiências do deleite de Deus ajudam a mudar esse padrão. Estabelecem também uma aliança de trabalho com Deus, que nos mantém no relacionamento mesmo quando ficamos ansiosos.

Somente quando eu tenho uma confiança bem firmemente estabelecida no amor de Deus e no seu cuidado por mim, uma confiança baseada em experiências do cuidado e amor de Deus, é que posso pedir a Deus que revele meus pecados e tendências pecaminosas. Ninguém cujo padrão seja um Deus ralhador, irritadiço e irado ousaria pedir a Deus tal revelação. Aqueles que exercem um trabalho de formação na igreja precisam levar o conselho de McKenzie a sério, porque é uma questão de ajudar pessoas a ter uma relação correta com Deus.

Algumas maneiras de deixar Deus mudar o padrão

Como contribuição minha para este trabalho formativo da Igreja, deixe-me sugerir algumas maneiras que poderiam permitir a Deus a chance de mudar o padrão. Frequentemente encorajo pessoas a contemplar as belezas da natureza com a vontade de conhecer, no seu âmago, o desejo criador de Deus, que faz tudo existir e mantém tudo existindo. No processo, pode-se ruminar tais textos, como a história da criação do primeiro capítulo do Gênesis, com sua imagem da alegria exuberante de Deus em toda a criação e especialmente nos seres humanos, que são feitos à própria imagem e semelhança de Deus. Ou se pode ruminar essa linda oração do livro da Sabedoria.

Sim, amas todos os seres
e não sentes aversão por nada do que fizeste;
pois se o tivesses odiado, não o terias feito.
E como subsistiria uma coisa se não a quisesses?
Como existiria se não a tivesses chamado?
Tratas tudo com amor porque tudo é teu, Senhor amigo da vida!
(Sb 11,24-26)

No Brasil, li esta oração em português e fiquei profundamente comovido com a tradução das últimas palavras como *amigo da vida*, que pode significar também "amigo dos viventes". Deus nos cria para sermos amigos de Deus. Desde então tenho pedido a graça de deixar estas palavras penetrarem fundo, para que eu reaja mais espontaneamente a Deus, que deseja minha amizade e aprecia minha companhia. Eu o encorajo a pedir a Deus que o ajude a saborear tais experiências, para acreditar nelas, deixar que elas se tornem sua imagem padrão de Deus. Aquilo que queremos e de que precisamos é acreditar e experimentar que Deus gosta de nós, nos aprecia e quer que tenhamos prazer na presença dele.

Pode-se escolher outros textos para o mesmo tipo de exercício. Algumas pessoas acham de ajuda rezar devagar os primeiros dezoito versículos do Salmo 138(139), que começa: "Senhor, tu me examinas e conheces". Para falar a verdade, com o padrão que a maioria de nós tem, estas palavras podem evocar alguma ansiedade. A imagem do dedo em riste pode surgir na cena. Pelo menos foi assim comigo quando comecei a rezar este salmo. Mas lemos, mais adiante: "Foste tu que plasmaste as minhas vísceras / e no seio materno me teceste. / Por tão grande prodígio vos dou graças, / velaste sobre mim com tanto amor, / maravilhosas são as tuas obras!" (vv. 13-14). As pessoas que persistiram em rezar este salmo se tornaram mais confortáveis e confiantes na presença de Deus, tanto que podem dizer e com convicção as últimas palavras do salmo: "Penetra em mim, Senhor, sonda o meu íntimo; / vê o meu coração e os meus intentos. / Não me deixes trilhar o mau caminho, / pela estrada da paz tu me conduzas!" (vv. 23-24). Eu só consegui dizer estas palavras honestamente, com fervor, quando comecei a sentir que eu era profundamente amado e cuidado. Então estava mais seguro de que Deus só me revelaria minhas tendências pecaminosas para me ajudar, não para me punir. Tal resultado foi o fruto de repetida oração das primeiras partes do salmo.

Jesus nos deu uma série de parábolas que parecem visar uma mudança da imagem padrão de Deus. Uma que passa por contemplações regularmente é a do filho pródigo, mas esta seria mais adequadamente chamada "O Prodigamente Generoso Pai" (Lc 15,11-32). Parece que o filho mais jovem não consegue afastar o amor do pai, por mais que afunde. Na prática, quando pede sua herança, ele diz ao pai, "Desejo que morra!". Um camponês, ouvindo a história, esperaria que o pai batesse no filho até quase a morte. Em vez disso, o pai lhe dá sua herança, que o filho imediatamente esbanja, envergonhando assim o pai mais ainda. Mais vergonha para o pai foi quando ele e os aldeões escutam que o filho agora trabalha para um gentio e alimenta seus porcos. Quando os ouvintes de Jesus escutam que o jovem vai voltar para casa implorando para ser tratado como um empregado, eles esperam que o pai vá pelo menos espancá-lo, isso se não o matar, pelo que havia feito. Em vez disso, Jesus conta que o pai percorreu a vila correndo para abraçar o filho perdulário e depois deu uma festa para a aldeia. O pai até implorou que o filho mais velho fosse à festa. Ao contar esta história, Jesus está tentando mudar a imagem padrão de um Deus que controla as reações de seus ouvintes para uma imagem de Deus como o Pai querido do próprio Jesus. Contemplar esta parábola pode mudar nosso próprio padrão.

Os efeitos da oração no padrão

O que estes exemplos sugerem é que a imagem padrão de si e de Deus é transformada através de experiências de Deus que fujam do que o seu padrão contempla. O processo é de acomodação à realidade de quem Deus é e quer ser para nós. Ao nos colocarmos no caminho de fazer tais experiências, podemos sentir alguma ansiedade, porque o padrão pode ser forte. Mas estas novas experiências nos dão a base de que precisamos para ser atraídos a explorar o relacionamento com Deus de novas maneiras. Chegamos a sentir Deus desejando nossa companhia e nossa amizade, e então nos tornamos mais desejosos de continuar a explorar tal amizade. As experiências fundantes vão, espera-se, forjar um relacionamento forte de confiança, uma aliança de trabalho, por assim dizer, que nos atraia para continuamente voltar à oração. Gradualmente, se continuarmos o processo, este novo padrão pessoal de Deus assume a precedência no modo como reagimos a Deus. Temos um novo padrão que assume quando nos aproximamos da oração.

Entretanto, precisamos lembrar que o novo padrão está construído sobre um antigo, que permanece e ao qual podemos voltar em momentos de turbilhão interior ou exterior ou em momentos de angústia. Como disse no início deste capítulo, o padrão original ainda pode se apossar de mim, não obstante anos de oração e estudo. Mas, depois desses anos, posso mais facilmente acessar as experiências que forneceram um novo padrão e tratar o modo antigo como uma tentação.

Direção espiritual como uma ajuda

Neste processo de crescimento rumo a uma nova imagem padrão de Deus, diretores espirituais podem ser de muita ajuda. Tais companheiros funcionam de modo análogo a um conselheiro, mas a natureza da conversação é diferente. Diretores espirituais focalizam nossas conversas com eles no que acontece quando nós conscientemente nos comprometemos na relação com Deus. Os diretores espirituais que mais ajudam no tipo de jornada que sugiro são aqueles que não são autoritários e diretivos, mas que escutam bem e se mantêm nos encorajando a voltar para o encontro com Deus. Também ajudam a apontar os becos sem saída por onde enveredamos e a enxergar como chegamos lá. Não é possível, dentro dos parâmetros deste capítulo, dizer mais sobre este tópico. Aos leitores interessados em ler mais a respeito de direção espiritual, sugiro consultar as leituras recomendadas.

Conclusão

Levamos a bagagem de nossa criação para todas as nossas relações adultas, inclusive nossa relação com Deus. Do mesmo modo como o resíduo de todos os nossos relacionamentos passados tingem nossos relacionamentos adultos com amigos íntimos, assim também acontece com nosso relacionamento adulto com Deus. Os relacionamentos com nossos amigos se tornam laços de confiança mútua e desafio através da experiência de se envolver com eles e ir trabalhando os efeitos do resíduo de antigos relacionamentos que atrapalham. Conseguimos ir além dos padrões do *eu* em relação aos outros, formados na infância, ao nos comprometermos com amigos e tolerando os altos e baixos implicados no amadurecimento de qualquer relação próxima. Assim também com Deus podemos nos mover para além de um padrão aprendido na infância e desenvolver um relacionamento adulto mais amadurecido ao nos comprometermos na relação com Deus. A principal razão de podermos fazer isso é que Deus quer que um tal relacionamento maduro de amizade se desenvolva. Deus nos quer bem e quer nossa amizade. Deus deseja que cada um de nós se comprometa num relacionamento de crescente intimidade e amizade. Se o fizermos, descobriremos que nosso padrão mudou, quase que por osmose.

15
Deus basta?

Na "Contemplação para Alcançar o Amor", o último exercício dos *Exercícios Espirituais*, Inácio de Loyola propõe esta oração como uma resposta apropriada à nossa contemplação de todos os dons que recebemos de Deus: "Tomai, Senhor, e recebei toda a minha liberdade, a minha memória, a minha inteligência e toda a minha vontade, tudo o que tenho e tudo o que possuo. Vós mo destes; a Vós, Senhor, o restituo. Tudo é vosso; de tudo disponde segundo a vossa vontade. Dai-me o vosso amor e a vossa graça, que isso me basta" (*EE* 234).

A versão dos *St. Louis Jesuits*[1] desta oração é cantada pelas pessoas: "Dai-me apenas vosso amor e graça; isto me basta. Vosso amor e vossa graça são suficientes para mim". Falamos

---

1. Grupo musical composto na década de 1970 por padres jesuítas ligados à St. Louis University, no Missouri, EUA. O trecho citado acima faz parte da canção *Take, Lord, Receive*, que por sua vez é baseada na oração de Santo Inácio. (N. da R.)

seriamente quando cantamos estas palavras ou quando rezamos a oração de Inácio? Deus basta?

O título deste capítulo tem a intenção de ser provocativo, mas a questão é séria. Podemos verdadeiramente dizer e sentir que Deus *é* suficiente? Será que Deus quer que cheguemos a este ponto? Alguns escritos espirituais dão a impressão que aqueles que levam a sério a vida espiritual devem achar Deus suficiente, tanto assim que precisam se desligar de todas as coisas criadas, inclusive de outras pessoas. Por exemplo, encontrei esta afirmativa no site de uma comunidade carmelita. "Santa Teresa d'Ávila diz claramente que o desejo da Carmelita é '*estar a sós com o Único*'. Deus Se revela ao coração na solidão e, portanto, cada freira trabalha sozinha, tanto quanto possível, em sua cela ou seu ofício. Não deve haver nenhuma conversa desnecessária fora dos dois recreios diários. O rigoroso recinto, muros e grades separam a religiosa do mundo e ajudam a promover e proteger esta solidão"[2].

É isso que significa entender que Deus é o bastante, ficar "a sós com o Único"?

A espiritualidade budista parece advogar pela abdicação de todo desejo. O desejo, segundo Buda, é a causa de toda a infelicidade humana; consequentemente, o caminho para a perfeição é se despir de todo desejo. Seria isso o que significa que Deus basta? Uma teoria ascética cristã parecia sugerir

---

2. Disponível em: <www.sspxasia.com/Documents/Society_of_Saint_Pius_X/Vocations/Womens-Communities/Chap-1-Carmelites.htm>. Acesso em 12 abr. 2024.

apagar todo desejo, exceto o desejo de Deus. É isso o que significa que Deus basta?

No início dos *Exercícios Espirituais*, Inácio propõe como consideração o "Princípio e Fundamento":

> O homem é criado para louvar, reverenciar e servir a Deus nosso Senhor, e assim salvar a sua alma. E as outras coisas sobre a face da terra são criadas para o homem, para que o ajudem a alcançar o fim para que é criado. Donde se segue que há de usar delas tanto quanto o ajudem a atingir o seu fim, e há de privar-se delas tanto quanto dele o afastem. Pelo que é necessário *tornar-nos indiferentes a respeito de todas as coisas criadas* em tudo aquilo que depende da escolha do nosso livre-arbítrio, e não lhe é proibido.
> (*EE* 23, itálicos nossos.)

Poderia ser que achamos que Deus é suficiente nos tornando "indiferentes" a tudo que não seja Deus?

Na história da espiritualidade inaciana, aquela palavrinha *indiferente* resultou em muita tinta gasta e também provocou algumas atitudes que parecem nada cristãs. A ideia de tratar uma coisa ou pessoa com indiferença soa como descaso, mesmo frieza. Ambientalistas modernos encontraram nestas palavras de Inácio as sementes de atitudes que levaram à situação atual do nosso globo.

Uma abordagem da questão em doze passos

Desejo abordar uma resposta de uma maneira positiva. Deixe-me começar com um exemplo que pode parecer bem distante. Muitos viciados que estão se recuperando nos dizem que foram salvos da dependência de álcool, drogas ou outra substância admitindo ser impotentes em relação ao vício. Voltar-se para um poder maior foi sua única solução. Quando se escutam histórias de viciados se recuperando, se entende que, de uma maneira significativa, estão dizendo que, para eles, Deus basta. Haviam tentado um sem número de soluções para sua dependência, mas finalmente tiveram que admitir que eram realmente impotentes, que claramente não tinham o controle. Assim, não tiveram outro recurso além de se voltar para um poder maior, que muitos chegaram a reconhecer como o Mistério que chamamos de Deus. Sem Deus, eles acreditam e verbalizam, estariam mortos pela dependência ou ainda em suas garras, e assim também seria como se estivessem mortos.

Que foi uma escolha entre álcool e um poder superior se torna claro nesta declaração de um alcoólico em recuperação: "Eu me mantinha na sobriedade durante pequenos intervalos, mas sempre vinha uma onda de *necessidade* avassaladora de beber e eu mergulhava nela. Sentia tamanho pânico que realmente acreditava que iria morrer se não pudesse pôr para dentro aquela bebida" (Alcoólicos Anônimos, 1976, 306). Perceba que o álcool tinha se tornado sua salvação, aquilo no qual ela acreditava e que, com efeito, adorava. Então, ela escolheu colocar sua confiança em outro poder, adorar num outro altar, e isto foi suficiente para ela.

Mas ninguém em nenhum programa de doze passos que conheço jamais diria que esta radical e absoluta dependência de Deus requeira ou mesmo tolere uma negação da sua necessidade de outros seres humanos. De fato, quase todas as histórias no volume *Big Book of Alcoholics Anonymous* falam de uma solidão assustadora, uma quase total perda de conexão com outros seres humanos e com seu próprio ambiente, enquanto estavam nos espasmos do vício e antes de dar os primeiros três passos do programa. O que os iniciou na estrada da cura foi a ajuda de outros dependentes que estavam em recuperação e que lhes ofereceram a esperança que haviam encontrado no programa, no companheirismo do A.A. e em grupos semelhantes. Quando embarcaram no programa, começaram a recuperar sua saúde física, emocional, psicológica e espiritual e, no processo, encontraram alegria e amizade que iam além de suas maiores expectativas.

Eis aqui um exemplo de *The Anonymous Disciple* de Gerard Goggins, um romance a respeito de dois Jesuítas que eram alcoólatras em recuperação. Nesta cena, Jim, o mais falador e o protagonista do romance, recebe a visita de Fred, o outro jesuíta, tarde da noite no hospital. Jim dispara neste solilóquio:

> Pergunto-me que tipo de homem eu seria se não fosse um alcoólatra. Pergunto-me que tipo de jesuíta. Provavelmente seria orgulhoso e desencaminhado. Acabaria

sendo um apóstata ou um mulherengo. Teria sido uma vergonha para a Companhia. E, em vez disso, me tornei um alcoólatra e por causa dos A.A. e por causa de você, Fred, encontrei amor, paz e completude. Encontrei amizade e encontrei minha vocação, mesmo que não seja a que eu esperava. (1995, 168)

Deus foi absolutamente necessário para a sobriedade de Jim, mas a necessidade de Deus não exigiu a perda de toda outra companhia. Antes, pelo contrário, a necessidade de Deus parece que lhe devolveu companheirismo e amizade. Esta é uma pista para a resposta à nossa pergunta.

As consequências da idolatria

No livro do Êxodo escutamos Deus dizendo: "Não farás para ti imagem esculpida nem figura alguma à semelhança do que há em cima no céu, nem do que há embaixo na terra, nem do que há nas águas embaixo da terra. Não te prostrarás diante destes deuses, nem os servirás. Porque eu, Javé, teu Deus, sou um Deus ciumento: castigo a maldade dos pais também em seus filhos e até nos netos e bisnetos daqueles que me odeiam, mas faço misericórdia até mil gerações para com aqueles que me amam e guardam os meus mandamentos" (Ex 20,4-6).

Podemos ler estes versículos e nos retrair, ou podemos lê-los no espírito do alcóolatra libertado, percebendo a verdade que contêm. A Bíblia usa a linguagem humana para uma tarefa quase impossível, que é nos dizer quem é Deus e o que Deus quer. Para ter uma tênue compreensão desta revelação, precisamos não focar em textos únicos, mas tentar levar em conta todo o contexto da revelação bíblica junto com as maneiras que o povo de Deus experimentou e interpretou essa varredura, através de séculos, desde que foi escrita pela primeira vez. O Mistério que chamamos Deus, revelado ao longo de longo período de tempo e especialmente na vida, morte e ressurreição de Jesus de Nazaré, não pode ser encontrado na imagem de um ciumento amante humano.

Mas seres humanos aprenderam, através de sua loucura, as desastrosas consequências de adorar um ídolo em lugar do Deus vivo. Estas consequências se manifestam na história individual, familiar e internacional. Estas consequências parecem ser um castigo pela loucura, castigo exigido por um Deus ciumento. Consequentemente, o autor do Êxodo atribui as consequências da idolatria à raiva de Deus.

Em *Holiness, Speech and Silence: Reflections on the Question of God*, Nicholas Lash observa que a palavra *deus* se refere ao que adoramos. Mais frequentemente descobrimos quem é nosso "deus" em tempo de crise, por assim dizer. Nas trincheiras da Primeira Guerra Mundial, John Macmurray chegou a ver que as igrejas da Europa estavam adorando um deus tribal, rezando para o "seu" deus para lhes dar a vitória sobre os inimigos delas e de seu deus. Numa saída da reabilitação, de volta à Grã-Bretanha, pediram a Macmurray para pregar num culto de domingo. Ele falou da necessidade dos cristãos se prepararem para a reconciliação das nações depois da guerra. Este público cristão o recebeu com fria hostilidade; seu deus era um deus tribal. A mulher alcoólatra há pouco citada descobriu que estava adorando o álcool, quando encarou o terror de não poder achar outra dose. Uma vez descobri que estava adorando um ídolo. Tinha me apaixonado, tendo desenvolvido uma profunda amizade com uma religiosa. Como resultado de suas próprias experiências na sua congregação, ela decidiu que não pertencia mais à vida religiosa. Apoiei sua decisão e pensei que também apoiava sua decisão de namorar e casar. Estava tudo bem até que ela me contou que estava se apaixonando por um homem que havia começado a namorar. Meu coração pareceu partido ao meio. Senti-me perturbado e profundamente ferido, incapaz de focar em outras coisas. Rezei pela cura porque o melhor de mim queria o que fosse melhor para ela. Numa ocasião, durante esse período de turbulência, contemplei a história dos dois cegos em Mateus 9,27-31. Seguiram Jesus até sua casa, implorando misericórdia. Então Jesus se voltou para eles e disse: "Credes que posso fazer isto?". Jesus estava falando também comigo. Imediatamente soube que, se eu dissesse sim, ficaria curado. Mas não conseguia dizer. Sentia que, se eu ficasse curado, perderia a amizade dela. Aquilo era demais. Não conseguia pedir a cura. O máximo que fiz, e a princípio era um débil pedido, foi pedir o desejo de ser curado. Eu estava, como os alcoólicos falam de si enquanto presos à sua enfermidade, "insano". Parecia não poder viver sem sua amizade, o que era uma ideia insana. Na verdade, a única maneira que eu poderia ser seu amigo seria se fosse curado desta insanidade. Meu coração precisava se tornar o que eu dizia que ele era, um coração consagrado à castidade religiosa, um coração comprometido com uma amizade não exclusiva. Fui, graças a Deus, libertado. Continuo sendo seu amigo e amigo de sua família.

Em *Faith Beyond Resentment*, o teólogo inglês James Alison apresenta um outro exemplo da adoração de um ídolo e me dá as palavras para entender meu próprio dilema passado. Ele era um padre dominicano ensinando num centro dominicano na América do Sul. Um dia o deão o chamou para lhe dizer que catorze superiores religiosos haviam escrito uma carta dizendo que não mandariam seminaristas para o centro enquanto Alison estivesse no corpo docente. O motivo era o ativismo de Alison em assuntos LGBT. Sem entrar em detalhes sobre o que aconteceu, desejo focalizar sua descoberta quando ele fez um retiro. Durante este tempo de oração, veio a compreender que ele estava adorando um ídolo. Estava olhando para a hierarquia e não para Deus, ao buscar aceitação. Escreve: "No meu violento zelo (para conseguir uma audiência sobre homossexualidade), eu estava lutando para que a estrutura eclesiástica pudesse me dizer um 'Sim', um 'Floresça, filho', precisamente porque temia que, se eu me apresentasse sozinho diante de Deus, Deus mesmo fosse parte do 'não seja'" (2001, 39).

Em outras palavras, Deus o rejeitaria. Entendeu que havia perdido a esperança em Deus e que estava tentando manipular as autoridades da Igreja para que dissessem que ele estava OK como um homossexual. Tinha esperança de que eles iriam dar suporte a sua identidade, removendo seu autodesprezo. Agora compreendeu que nenhuma estrutura humana, nenhum ser humano poderia fazer o que somente Deus poderia realizar. Somente Deus poderia lhe dizer o que ele precisava escutar para se aceitar como amado filho de Deus. Finalmente, durante este retiro, ele ouviu Deus dizer a ele aquele "profundo 'Sim'" que ele havia perdido a esperança de um dia escutar, que aquele "menininho gay" era amado por seu Pai (2001, 39). Ele conclui escrevendo, "O 'Eu', o 'self' do filho de Deus, nasce em meio às ruínas da idolatria arrependida" (2001, 40).

Alison me oferece palavras para compreender o que acontecera comigo, e possivelmente o que acontece com qualquer pessoa que chegue a acreditar que ele ou ela precisa de alguém ou de algo para se sentir inteiro, para ser alguém. Em última instância, só Deus pode fazer isto por nós. Nada mais será suficiente para nos dar a nós próprios.

Autoconhecimento em tempos difíceis

Em tempos difíceis tomamos conhecimento da verdade a nosso respeito e, com frequência, a verdade é devastadora. Percebemos que temos adorado ídolos. Este entendimento, contudo, chega como uma grande graça, não um desastre. Agora podemos rezar com sinceridade aquela grande oração do Novo Testamento, "Eu creio! Ajuda a pobreza de minha fé" (Mc 9,24). À medida que acreditamos em Deus, estamos livres e inteiros e amáveis. É nessa medida que temos o "cem vezes mais". Mas a única via para aquele "cêntuplo" é através da escuridão de abrir mão de nossos ídolos, essas pessoas ou coisas sem as quais, no fundo, acreditamos que não podemos viver.

Perceba também que há uma maneira na qual esta morte dos ídolos pode parecer com perder tudo mais; sentimos que, depois de abrirmos mão dos ídolos, ficaremos completamente sozinhos, ou até, mais assustador, que não seremos ninguém. Por quê? Porque estamos usando estes ídolos para escorar nossa identidade. Quem somos parece estar atrelado a eles. Além do mais, enquanto as escamas não forem arrancadas de nossos olhos, parece de fato como se não pudéssemos existir sem eles. Parece que Deus está exigindo que entreguemos tudo que somos e temos e que então ficaremos de verdade "a sós com o Único". Além do mais, como Alison deixa claro, abrir mão de nossos ídolos significa viver com as consequências de ficar indefeso em um mundo hostil e violento.

O exemplo de Jesus

Mas isso não é exatamente o que Jesus fez? Jesus viveu neste mundo como um ser humano sem ídolos, como o tipo de ser humano que Deus almeja ao nos criar à imagem e semelhança do próprio Deus. Assim sendo, Jesus se torna a vítima da violência desencadeada por um mundo que não consegue ver nenhum outro modo de ser humano a não ser vivendo em constante medo um do outro, quem quer que o outro possa ser.

Assim chegamos perto de entender como Deus é o bastante, através de experimentar o que acontece quando tentamos forjar nossa própria identidade através de meios idólatras. A história de Adão e Eva é um paradigma de nossa situação humana. São criados à imagem e semelhança de Deus e gozam de todas as dádivas do jardim das delícias. Parece que não lhes falta nada, mas são tentados. Se comerem da árvore proibida, lhes dizem, se tornarão como Deus. Note que eles já têm, por dom e graça, aquilo de que o tentador lhes diz de que se apossariam ao comer. São, pelo dom criador de Deus, feitos à sua imagem e semelhança. Como tal, eles viverão, de alguma maneira, para sempre, porque Deus deseja trazê-los à existência. Existem porque Deus os quer, e o desejo de Deus é a única garantia que têm de viverem para sempre. Mas passam a acreditar que podem ter o controle sobre suas existências e se tornar como Deus, ao comer da fruta proibida. Você percebe aqui o ponto sutil? Eles já possuem, por dom gratuito de Deus, aquilo que agora querem ter por seu próprio esforço, sua própria vontade. É realmente uma insanidade pensar que podem controlar a vida e se tornar como Deus através de algo que façam. No entanto, vão adiante e agem loucamente, do mesmo modo que nós, viciados e idólatras, temos feito através dos séculos.

Um personagem no romance policial de P. D. James, *Devices and Desires*, diz: "Precisamos, todos nós, estar em controle de nossas vidas, e assim as encolhemos até se tornarem pequenas e más o suficiente, para que possamos nos sentir no controle" (1990, 248). Isto é o que acontece quando nós, como Adão e Eva, agimos louca ou irracionalmente. É insano ou irracional agir como se nós estivéssemos ou pudéssemos estar no controle de nossas vidas. É irracional agir de maneira oposta ao que o mundo de fato é. Mas o mundo e tudo que o compõe na atualidade é contingente, dependente a todo momento do benevolente desejo de Deus, para que exista. A existência é um dom. Se não aceitamos esta verdade básica, e quero dizer aceitá-la em nossos corações, ossos e carne, estamos vivendo irracionalmente. O mundo e todos nós que estamos nele existimos pelo desejo gracioso de Deus, não por necessidade. Além do mais, somos desejados à existência porque Deus nos quer, não porque somos necessários a Deus. Somos desejados à existência para que possamos livremente aceitar a amizade de Deus, o amor de Deus. Ser humano é ser criado pelo desejo de Deus; Deus deseja nossa amizade.

Como Deus basta

Há um buraco em cada um de nossos corações. Somos feitos para a amizade com Deus e nada mais vai satisfazer-nos porque nada mais satisfará a Deus. Como Agostinho escreveu em suas *Confissões*, nós somos todos feitos para Deus e nossos corações ficarão inquietos até que descansem em Deus. Deus basta neste sentido: Deus é o desejo mais profundo de nossos corações. Nada mais, senão Deus, satisfará este desejo e, sem Deus, nada mais será de utilidade para matar nossa sede mais profunda. Deus basta para satisfazer essa sede. Mas o paradoxo é que, quando estamos unidos a Deus, nós podemos apreciar mais tudo e todos, de forma não possessiva.

Em resumo, então, Deus basta porque só Deus satisfaz nosso desejo mais profundo. Mas, quando estamos unidos a

Deus, então temos tudo mais, porque Deus é o criador de tudo e todos e não é mesquinho, e sim uma abundante, exuberante generosidade. Entretanto, para viver desta maneira livre, nós temos que desejar abrir mão da ilusão de que nós podemos reter qualquer coisa ou pessoa por nossos próprios esforços. Temos que estar dispostos a perder tudo e confiar que Deus proverá tudo que precisamos.

Espero ter apontado na direção de Deus, que o que escrevi faça sentido conforme uma correta fé e que dê uma compreensão ortodoxa e verdadeira, mesmo se obscura, do que significa estar "a sós com o Único", de como Deus pode ser entendido como um Deus ciumento. Somente ao sermos desprendidos podemos ter tudo. Mas esta não é a exigência arbitrária de um amante ciumento, mas o modo como o mundo é: dom abundante. Quando estamos livres de ilusão podemos dizer e significar: "Tomai, Senhor, e recebei toda a minha liberdade, a minha memória, a minha inteligência e toda a minha vontade, tudo o que tenho e tudo o que possuo. Vós mo destes; a Vós, Senhor, o restituo. Tudo é vosso; de tudo disponde segundo a vossa vontade. Dai-me o vosso amor e a vossa graça, que isso me basta" (*EE* 234).

"Vosso amor e vossa graça me bastam".

16
Uma meditação sobre morte e vida

"Quando quer que na minha alma há um novembro úmido, chuvoso" – estas palavras na primeira frase de *Moby Dick* tocam um ponto sensível para aqueles de nós que vivem em climas setentrionais. Sabemos como os dias de novembro podem ser sombrios. A nós parece natural celebrar as festas de Todos os Santos e Finados em novembro e completar o calendário litúrgico perto do fim deste mês ou no início de dezembro. Tenho com frequência me perguntado como o calendário litúrgico se sai no hemisfério sul, onde novembro é o auge da primavera. Seja como for, o clima de novembro e seus dias festivos nos colocam ante o fim da vida e com pensamentos no fim do mundo. Escrevi esta meditação um ano, no final de novembro. Acredito que a mensagem seja apropriada mesmo que você vá usá-la para meditação em outro tempo do ano.

No livro *The Denial of Death*, ganhador do Prêmio Pulitzer, Ernest Becker diz que "a ideia de morte, o medo dela, assombra o animal humano mais do que qualquer coisa. É a mola principal de atividade humana – atividade designada em grande parte para evitar a fatalidade da morte, para superá-la negando de algum modo que é o destino final do homem" (1973, ix). Então prossegue afirmando que esta negação é tão difundida – e perniciosa – que é a origem de nossas modernas enfermidades psíquicas e sociais. Apresenta um caso muito bom para seu argumento.

O que tememos ante a morte

A morte nos faz enfrentar a aniquilação, a perda de si mesmo e de tudo que dá significado à vida. O que temo depende, é claro, de como vejo a mim mesmo. Se sou meu corpo, então farei tudo para preservá-lo. Este medo está por trás do culto do corpo, na nossa cultura? Se sou minha família ou minha raça, então farei de tudo para preservá-los. No século vinte vimos os horrores aos quais o culto da família, da raça ou do país podem levar. Em vez de explorar estes diferentes modos de se definir, eu gostaria de aceitar que ser uma pessoa é estar em relacionamento, que a unidade da pessoa é o eu e o tu.

Sem alguns "tu", eu não sou uma pessoa. Em outras palavras, preciso de alguns "tu" para ser eu próprio. Para ter um vislumbre da veracidade desta afirmativa, lembre como nos agarramos a relacionamentos importantes, mesmo quando estes relacionamentos são destrutivos ou quando a dependência é destruidora. Se esta afirmativa é verdadeira, então, o que eu mais temo ao morrer é a perda de todos os relacionamentos, o que seria o equivalente ao aniquilamento de mim mesmo. Assim, o medo da morte é o medo do aniquilamento de si.

Entretanto, ser humano é morrer. Alguém pode argumentar, contudo, que a morte ingressou no mundo do humano somente com o pecado. Alguns teólogos modernos diriam que o pecado não trouxe a morte para o mundo, mas que o pecado mudou a maneira de experimentar a morte. Isto é, por exemplo, o argumento de Sebastian Moore, OSB, em *Let This Mind Be in You*. Em outras palavras, por causa do pecado, nós experimentamos a morte – que é o destino humano, parte do que significa ser humano – como a ameaça de aniquilamento. Nesse contexto, Deus criou seres humanos cuja realidade incluía morrer. Portanto, a morte não é aniquilamento, mas a consumação final da vida e uma abertura para mais vida. A morte, então, não é a perda de todos os relacionamentos, mas uma abertura para relacionamentos muito mais amplos e profundos. O pecado torna a experiência terrível, não a própria criação.

A morte de Jesus

Para adquirir essa noção, olhemos para a morte de Jesus. Jesus, o sem pecado, não teve ilusões, nenhuma racionalização. Não tinha progênie quando encarou a morte. Podia intuir a desgraça que ameaçava seu povo por parte dos romanos, portanto não podia se consolar com o triunfo de sua raça. Foi traído por um de seus amigos mais próximos, negado por outro e abandonado por todos. Seu corpo foi despido de toda dignidade; a crucificação era uma maneira horrível de morrer. Sua missão foi um fracasso porque ele não tinha convencido seu povo de que era o Messias. Foi zombado e ridicularizado igualmente por judeus e romanos. Até seu Pai parecia distante quando ele exclamou: "Meu Deus, meu Deus, por que me abandonaste"? (Mt 27,46). O universo parece prender a respiração. Aceitará Jesus voluntariamente o que J. R. R. Tolkien chama de a "desgraça dos homens", com confiança e amor? Ou irá finalmente se desesperar? O Evangelho de Lucas parece captar este sentimento: "Era meio-dia, mais ou menos, quando o sol entrou em eclipse e uma escuridão cobriu toda a terra, até as três horas da tarde. O véu do Templo rasgou-se pelo meio" (Lc 23,44-45). É possível sentir o suspiro de alívio do universo quando Jesus gritou em alta voz: "Pai, nas tuas mãos entrego meu espírito!" (Lc 23,46) e deu o último suspiro.

    Sebastian Moore fala da paixão escolhida, não no sentido que Jesus, enquanto o sem pecado, não precisava morrer, e sim no sentido de que Jesus aceitou com confiança o destino humano. Ele confiou que Deus é seu Abbá ("Pai querido", "Mãe querida") e que nem mesmo a morte poderia mudar quem Deus é. Se Deus é, por toda eternidade, nosso Abbá, então Jesus e nós seremos, por toda eternidade, filhos e filhas de Deus. Assim, Jesus foi a pessoa mais completamente humana que já viveu, porque aceitou com confiança e amor a plena realidade de ser humano, o que incluiu aceitar a verdade de que a morte é a única maneira de ser plenamente humano. Jesus confiou que sempre seria uma pessoa, mesmo através da morte, que estaria sempre em relacionamento. De fato, somente através da morte podia ele ser mais como uma pessoa, em mais relacionamentos, mais profundos e fortes relacionamentos, não apenas com Abbá, mas também com todos os seus irmãos e irmãs que tinham ido antes dele e viriam depois dele.

Talvez possamos agora compreender melhor o profundo sentido destas palavras no Evangelho de João:

> Chegou a hora na qual o Filho do Homem será glorificado. Eu vos afirmo e esta é a verdade: se o grão de trigo não cair na terra e morrer, ficará só. Se, pelo contrário, ele morrer, dará muito fruto. Quem ama sua vida a perderá; quem, neste mundo, odeia sua vida a guardará para a vida eterna. Se alguém me quer servir, que me siga, e onde eu estiver, estará também meu servidor. Se alguém me servir, o Pai o honrará.
> Sinto agora grande aflição. E, que direi? Pai, livra-me desta hora? Não. É precisamente para esta hora que eu vim. Pai, glorifica o teu nome!
> (Jo 12,23-28)

A única maneira que Jesus pode viver, isto é, que pode ser mais plenamente uma pessoa, ser glorificado, é pela morte. Assim, num sentido real, contrário ao conselho de Dylan Thomas, "parte suavemente para a boa noite". Ele de fato escolhe a morte.

Os discípulos de Jesus

Para os discípulos, com certeza, a crucificação foi o naufrágio de todas as suas esperanças. Podemos ouvir o *pathos* nas palavras dos dois discípulos que encontram o desconhecido na estrada de Emaús: "Esperávamos que fosse ele quem que libertaria Israel" (Lc 24,21). Haviam perdido aquele único "tu" que dava sentido ao seu "eu". Com a partida dele, quem eram eles? Entretanto, neste mesmo momento de desespero, algo acontece que faz seus corações arderem dentro deles. Poderia ser...? Fosse o que fosse, não queriam deixar que o estrangeiro deixasse sua companhia e o convenceram a ficar e comer com eles. Sentiram todos os antigos movimentos de vida, calor e desafio e esperança que – poderia ser? – haviam sentido na presença de Jesus. "À mesa, ele tomou o pão e, recitando a fórmula da bênção, o partiu e distribuiu entre eles. Então é que os seus olhos se abriram e eles o reconheceram... mas ele desapareceu da sua vista" (Lc 24,30-31). Com esta experiência, eles tinham voltado a si mesmos, por assim dizer. O único "Tu" que fazia toda a diferença para quem eles eram está vivo e bem.

E a importância vital, para nós, destas primeiras testemunhas é que elas atestam que estão experimentando o mesmo Jesus com quem tinham andado e conversado e feito a refeição, o mesmo Jesus que haviam abandonado ou negado, o mesmo Jesus que haviam visto morrer tão horrivelmente. Assim, nos garantem que o Jesus que experimentamos na oração, na leitura dos Evangelhos, no sacramento da reconciliação, na eucaristia e nas Escrituras, é Jesus de Nazaré, o filho de Maria.

O cerne da questão para nós

Pois esse é o cerne da questão quando os tempos estão obscuros, quando em nossas almas há "um úmido chuvoso novembro". Há momentos em que nossos corações ardem dentro de nós. Sentimos de fato a presença do misterioso outro que chamamos Jesus, e sabemos com fé, esperança e amor, pelo menos nesses momentos, que a morte não tem aguilhão. Nesses momentos, tampouco temos dúvidas de que é certo a igreja celebrar a festa de Todos os Santos, porque sabemos que ninguém que morreu em Cristo está perdido, aniquilado. Ao contrário, sabemos que há uma "nuvem de testemunhas que nos rodeiam" (Hb 12,1) e que temos ainda mais relacionamentos do que conseguiríamos contar. Nestes momentos, também, sabemos que é certo a Igreja celebrar a festa de Finados, porque podemos esperar que nossos amados estão, como Maria, em Cristo, e portanto inteiros e completos e em relacionamento conosco e com todos os demais. De fato, pode ser uma medida de nossa fé e esperança rezar (isto é, conversar com) não apenas a Jesus, Maria e os santos, mas também àqueles nossos amados que já partiram antes de nós para aquela boa noite.

Porque temos experiências de Deus, Pai de Jesus, do Espírito, de Maria, dos santos e de nossos amados que são santos, nós podemos dizer com São Paulo:

Que vamos concluir então? Se Deus está conosco, quem estará contra nós? Ele que não poupou seu próprio Filho, mas o ofereceu por todos nós, como não nos daria tudo juntamente com ele? Quem se atreveria a acusar os escolhidos por Deus? Deus é quem os justifica! Quem os condenará? Jesus Cristo que morreu, ou melhor, que ressuscitou e se acha à direita de Deus é quem intercede por nós! Quem nos separará do amor de Cristo? O sofrimento, a aflição, a perseguição, a fome, a nudez, o perigo, a espada? Porque está escrito: Por causa de ti somos entregues à morte cada dia; somos tratados como ovelhas que vão para o matadouro. Mas de tudo isso saímos vencedores por meio daquele que nos tem amado. Estou convencido de que nem a morte, nem a vida, nem os anjos, nem os poderes, nem as coisas presentes ou futuras, nem as forças, nem a altitude, nem a profundeza, nem outra criatura qualquer poderá nos separar do amor que Deus nos manifesta em Cristo Jesus, Senhor nosso. (Rm 8,31-39)

Talvez possamos, em tais momentos, até dizer que a morte não é a desgraça da humanidade, mas nosso benefício. Porque somente a morte nos tirará os antolhos que nos impedem de experimentar o todo de nossa realidade, de experimentar que estamos em comunhão com todos os seres humanos, porque estamos em comunhão com a comunidade eterna, Pai, Filho e Espírito, o mistério único que chamamos de Deus.

17
Perdoar como Jesus perdoa

Escrevi este capítulo depois de ler o trabalho de 1985 "Prayer of Forgiveness: The Pain of Intimacy", do já falecido jesuíta David Hassel. Eu queria sublinhar a profundidade de sua percepção sobre o perdão. Meu foco principal é o perdão daqueles próximos de nós que tenham nos ferido.

Com bastante frequência nos achamos um tanto heroicos, se conseguimos parar de exigir olho por olho daqueles que nos ofendem. E, é verdade, o mundo seria um lugar bem melhor se nós humanos fôssemos capazes de tal perdão. Mas quando rezamos (com sinceridade), "perdoai-nos as nossas ofensas assim como nós perdoamos a quem nos tem ofendido", dificilmente ficaríamos satisfeitos se Deus apenas se limitasse a não exigir olho por olho. Queremos de Deus mais do que esse frio conforto e, de fato, Deus nos oferece mais. O subtítulo do ensaio de Hassel revela a chave para o mistério do perdão: ele escreve sobre a "dor da intimidade".

O modo como Deus perdoa

Quando o filho pródigo (Lc 15,11-32) volta para a casa de seu pai, sua maior esperança é que seu pai lhe permita ser um empregado contratado. Então, ao menos, ele não passará fome e degradação como acontece na "região longínqua" onde precisa cuidar de porcos. O pai, entretanto, o restaura ao seio da família. A partir da história, fica claro que o pai não esquece o que o filho pródigo fez; pela conversa com o filho mais velho, por exemplo, parece provável que a herança gasta não será restaurada. Mas o pai rejubila por ter de volta um filho, não por ter um novo empregado contratado. Nós pecadores provavelmente nos rejubilamos ao entender que Deus nos trata desta maneira também; apesar de nossos pecados, Deus nos acolhe de volta à família.

O modo como Jesus lida com Pedro em João 21 oferece outro exemplo. Jesus não apenas diz a Pedro que não usará sua negação contra ele. Faz muito mais. Convida Pedro de volta ao rol de amigo íntimo e lhe pede que cuide dos outros. Muitos cristãos, se identificando com Pedro, ficaram extasiados de espanto e felicidade ao entender que Jesus lhes oferece amizade íntima e companheirismo na missão, mesmo depois de havê-lo profundamente ofendido.

Estas duas histórias do Evangelho sublinham o que o perdão de Cristo realmente significa. Jesus não apenas não paga na mesma moeda, vai além, não guardando rancor. Ele nos recoloca na íntima amizade, onde podemos voltar a magoá-lo. Além do mais, ele nos confia responsabilidades sobre o bem-estar e mesmo sobre a salvação de outros, apesar do fato de conhecer nossos caracteres fracos. É o tipo de perdão que nos leva a desejar ser o tipo de pessoa que ele parece acreditar que podemos ser. Mas isto não torna impossível que voltemos a feri-lo. Ainda mais, experimentamos que repetidas vezes nós, de fato, falhamos em relação a ele. Apesar disso, ele nos oferece esse tipo de intimidade. É assim que Jesus nos perdoa.

O Novo Mandamento

No último discurso do Evangelho de João (13,17), escutamos Jesus dizer diversas vezes e de diferentes maneiras: "Eu vos dou um novo mandamento: que vos ameis uns aos outros. Assim como eu vos tenho amado vós deveis também amar uns aos outros" (Jo 13,34). No momento de aceitar seu perdão podemos ver com uma clareza ofuscante que nós também somos chamados a perdoar do mesmo modo. Se a emoção do momento não nos tornar insensíveis, reconheceremos a enormidade da exigência em nossos corações.

Alguns exemplos demonstram comovente e poderosamente o que quero dizer, tal como a vítima do estupro que se sente desafiada a perdoar aquele que a violentou ou o pai chamado a perdoar o assassino de seu filho. Podemos recuar de tal demanda com raiva e ressentimento. Podemos querer jogar as mãos para o alto em desespero, conscientes de quão limitados e implacáveis nossos corações são e quão complexas podem ser nossas situações humanas de dor e perdão. Parece que não podemos perdoar como Jesus perdoa, pois perdoar aquele que nos feriu significa nos tornarmos novamente vulneráveis à mesma ferida. Só um tolo correria tal risco. O que podemos fazer?

O que podemos fazer

Para corações e vontades humanas, o mandamento do amor é impossível de se levar a cabo. O que podemos fazer é apenas desejar amar como Jesus ama e pedir a ajuda de seu Espírito para fazê-lo. O mesmo ocorre com o perdão. Não podemos, de nossa parte, perdoar como ele perdoa, isto é, convidar de volta para a intimidade aqueles que nos feriram e ofenderam. Mas podemos desejar perdoar deste modo. Além disso, podemos esperar resistir a esse desejo, tanto quanto resistimos ao desejo de amar como Jesus ama. Entretanto, vamos lembrar as palavras que Paulo escutou: "Basta-te minha graça; porque o meu poder chega ao auge na fraqueza" (2Cor 12,9). Nós também podemos esperar que a graça de Deus faça o que parece impossível por nós.

Mas leva tempo. Precisamos ser pacientes conosco e também perseverantes em pedir a ajuda do Senhor para continuar a desejar perdoar. Uma oração de coração pela graça de perdoar frequentemente não é suficiente para curar toda ferida nossa, tocar todas as dimensões de nosso relacionamento com quem nos feriu. Por um lado, precisamos estar cientes que um desejo sincero de perdoar pode muito bem coexistir com uma relutância de fazê-lo, como por exemplo, um desejo de proximidade com Deus pode coexistir com um medo forte de tal proximidade e, consequentemente, com uma resistência a ela. Parece que a ambivalência é o estado característico do coração humano. Podemos amar e odiar a mesma pessoa, desejar perdoar e desejar não perdoar, aparentemente no mesmo momento. Jesus sabe quão complexa nossa motivação pode ser; se ele ainda nos ama e é paciente conosco, então talvez nós possamos ser mais pacientes com nós mesmos, mas também perseverantes em pedir sua ajuda para superar a ambivalência.

Segundo, precisamos levar em consideração o tempo de espera entre o desejo genuíno de perdoar e nossa capacidade emocional para fazê-lo. Com bastante frequência as pessoas ficam perturbadas pelo fato de que ainda sentem ressentimento mesmo que tenham conscientemente escolhido perdoar como Jesus perdoa. Por exemplo, um amigo próximo o ofendeu profundamente acreditando numa história falsa sobre você. Você o confrontou e ele expressou sua angústia e lhe pediu perdão. Você quer perdoá-lo e reatar a amizade, e você até lhe diz que o perdoa. Você pede a Jesus que ajude a perdoar. Mas periodicamente você relembra a ferida e novamente se sente zangado, ressentido e desconfiado. Isso não significa que no fundo você não o perdoou realmente? Pode ser bastante desanimador verificar que estes sentimentos retornam.

Talvez possamos ser ajudados recorrendo a um conceito tomado emprestado da psicanálise. No decorrer da psicoterapia, um cliente pode ter uma visão reveladora a respeito de ambos, causa e efeito, de um certo tipo de comportamento autodestrutivo. O cliente pode se sentir libertado da dinâmica que leva a tal comportamento como resultado desse *insight*. É com frequência desalentador para os clientes quando se encontram novamente agindo no padrão autodestrutivo. A psicanálise fala da necessidade de trabalhar através do *insight*, isto é, deve-se permitir que ele percorra as diversas camadas da psique, e isso acontece somente devagar e com muita relutância e resistência. O cliente é auxiliado a perseverar no percurso através da persistência do analista e da recordação da experiência de libertação ao ter aquela revelação.

Assim também me parece que um sentimento de liberdade, totalidade e alívio acompanha o desejo de perdoar. Mas não permeia de imediato todos os nossos desejos e sentimentos. O espírito de perdão precisa de tempo para adentrar todas as minhas camadas, especialmente aquela camada que parece querer abraçar dores e nunca as soltar. Para que isso aconteça eu preciso ter paciência e perseverança, paciência com a lentidão do processo e perseverança em pedir a ajuda do Espírito para deixar que o espírito de perdão faça seu trabalho.

A descoberta que conduz ao desejo de perdoar um amigo que o feriu com frequência é acompanhada por um grande alívio, uma animação, uma alegria, porque você terá novamente seu amigo. Mas, periodicamente, especialmente quando você está abatido ou num humor depressivo, você experimenta o ressentimento de novo. Você se pergunta se seu amigo reconhece quanto você sofreu com a sua suspeita a seu respeito. Aflora a autopiedade e terá uma oportunidade de ser curada, se conversarmos também com Jesus sobre estes sentimentos. Em outro momento, o amigo pode pedir um favor e você sente que ele tem o atrevimento de pedir para você fazer um esforço depois do que fizera. Cada uma destas erupções de ressentimento nos dá uma oportunidade de trabalhar, ou melhor, de deixar o Espírito de perdão trabalhar através de todo o nosso ser, para nos tornar mais e mais como Jesus.

Novamente voltamos à necessidade de confiar no poder da graça de Deus para fazer o que parece impossível. É uma medida de nossa megalomania, mas também de nossa impotência, que frequentemente sintamos que nem a graça de Deus pode superar nossa resistência para amar e perdoar como Jesus ama e perdoa. Precisamos pedir fé num Deus que diz, "Basta-te minha graça" (2Cor 12,9).

18
Humilhar-se

Escrevi esta meditação sobre humildade a pedido dos editores de *America*, como parte de sua série para a Quaresma de 2006. Parece uma maneira adequada para encerrar esta série de meditações sobre os efeitos da oração.

Não quero ser humilhado; suspeito que você também não. Entretanto, há pessoas que dizem que ser humilhadas foi a melhor coisa que já lhes aconteceu. Membros dos Alcoólicos Anônimos, por exemplo, dizem que só começaram a se mover em direção à sanidade e à inteireza quando foram profundamente humilhados. Alguns idosos descobrem felicidade e paz quando começam a aceitar ser humilhados pelo processo de envelhecimento. O que isso poderia significar?

Paulo diz a respeito de Jesus, "humilhou-se ainda mais, fazendo-se obediente até a morte, e morte de cruz!", um castigo que os romanos usavam para mostrar quem era o chefe (Fl 2,8). Paulo indica que, em Jesus, Deus "se esvaziou". Tendemos a pensar sobre Deus como imutável, intocável, todo-poderoso. Mas levemos a sério o que Paulo diz a respeito de

Deus em Jesus. Deus, então, é o vulnerável, aquele que não se impõe por direitos, dignidade e honra, mas que se esvazia para chegar perto e se comprometer conosco. Deus é vulnerável a esse ponto, vulnerável o bastante para morrer na cruz para conquistar nossa amizade.

Nós somos criados à imagem e semelhança de Deus. Talvez, então, ser humano signifique ser vulnerável e reconhecer quão vulneráveis somos. Isso significaria aceitar a realidade de que não temos controle de nossas vidas a não ser num sentido superficial. Existimos somente porque Deus nos quer. Contudo, nos é difícil manter a convicção de que tudo que somos e temos é sempre dom. Queremos ser invulneráveis e tendemos a acreditar que estamos no controle ou que deveríamos estar. Regozijamo-nos com nossos talentos, nossas conquistas, nossos sucessos. Em nossos corações, somos como o fariseu que agradecia a Deus porque não era como as outras pessoas, e então continuava fazendo a lista de como era diferente delas, especialmente do publicano (Lc 18,9-14). Às vezes nos damos conta e percebemos que tudo é dom, mas é difícil nos mantermos nessa verdade.

Talvez então alguns de nós precisemos ser humilhados para perder nossa arrogância e nossa crença de que temos o controle da vida. Parece que isso é o que acontece quando o viciado chega ao fundo do poço. As escolhas são radicais: continuar tentando controlar sua vida com a garrafa e assim espiralar para dentro de um buraco negro, em direção ao esquecimento e a morte, ou admitir seu desamparo e pedir a ajuda de Deus. Muitos viciados dizem que precisaram ser humilhados para se mover em direção à sanidade e à vida. Além disso, somente quando tinham perdido tudo e se voltaram a Deus para pedir ajuda, é que gradualmente chegaram a perceber que Deus os ama, bêbados ou sóbrios, um sucesso ou um fracasso, mas quer sua inteireza, sanidade e amizade, que eles só podem possuir se estiverem sóbrios.

Vivo num lar e casa de saúde para jesuítas idosos e doentes. Assim, vejo homens que foram humilhados pelo processo do envelhecimento. Talvez todos nós precisemos da prática de sermos humilhados para nos preparar para a velhice, a doença e a morte. Nesse tempo podemos possivelmente ser incapazes de cuidar de nós, precisando de ajuda para comer, ir ao banheiro e tomar uma chuveirada ou um banho. Realmente humilhados, você poderia dizer. Contudo, um número cada vez maior de nós poderá ter que encarar este tipo de vida. Quando somos humilhados desta maneira, podemos ficar cheios de raiva e autopiedade, reclamando do destino, das pessoas que nos obrigaram a ir para uma casa de saúde, de Deus, e esta primeira reação não é totalmente inadequada. Algumas pessoas, entretanto, nunca vão além deste estágio e vivem o resto de suas vidas com raiva, ressentimento e amargura. Mas os que aprendem a lidar com o que aconteceu gradualmente compreendem quão abençoados são, por terem vivido e por ainda estarem vivos. Frequentemente sentem muita felicidade e satisfação.

Como apontei anteriormente, o psicanalista Erik Erikson definiu o último estágio do ciclo da vida como uma luta entre sabedoria e desespero. Desespero significa a recusa ou incapacidade de aceitar quem eu sou agora, com tudo que passou e me fez quem sou. Sabedoria significa a aceitação do ciclo de vida que tive como o único possível. Acreditar que Deus quer minha amizade agora apesar de meus pecados e falhas é ser verdadeiramente sábio e profundamente feliz. Acredito que aqueles que se tornaram humildes e chegam a viver com alguma alegria e *élan* têm esse tipo de sabedoria. Podem até falar de seus pecados e falhas como tendo sido falhas felizes. Muitos de nós só chegamos a este tipo de sabedoria quando somos humilhados, e agradecemos a Deus por essa graça. Mas eu ainda receio ser humilhado e suspeito que você também. Podemos rezar pela graça de aceitar as humilhações que a vida traz e confiar nas palavras de Deus a Paulo, "Basta-te minha graça" (2Cor 12,9).

Leituras Recomendadas

Sobre a oração

Barry, William A. *A Friendship Like No Other: Experiencing God's Amazing Embrace.* Chicago: Loyola Press, 2008. (Barry, William A. *Amizade sem igual. Experimentar o surpreendente abraço divino.* Trad. Barbara T. Lambert. São Paulo: Loyola, 2023.)

____. *God and You: Prayer as a Personal Relationship.* New York: Paulist Press, 1987. (Barry, William A. *Deus e você. A oração como relacionamento pessoal.* São Paulo: Loyola, ⁸2010.)

____. *Paying Attention to God: Discernment in Prayer.* Notre Dame, IN: Ave Maria Press, 1990. (Barry, William A. *Dar atenção a Deus.* São Paulo: Loyola, 1996.)

____. *What Do I Want in Prayer?* New York: Paulist Press, 1994.

____. *With an Everlasting Love: Developing an Intimate Relationship with God.* New York: Paulist Press, 1999.

Coffey, Kathy. *God in the Moment: Making Every Day a Prayer.* Chicago: Loyola Press, 2005.

Green, Thomas. *Opening to God.* Notre Dame, IN: Ave Maria Press, 2008.

____. *When the Well Runs Dry.* Notre Dame, IN: Ave Maria Press, 1998.

Silf, Margaret. *Inner Compass: An Invitation to Ignatian Spirituality.* Chicago: Loyola Press, 2007.

Thibodeaux, Mark. *Armchair Mystic: Easing into Contemplative Prayer.* Cincinnati, OH: St. Anthony Messenger, 2001.

Sobre discernimento e exame de consciência

Barry, William A. *What Do I Want in Prayer?* New York: Paulist Press, 1994. (Veja, em especial, o apêndice B.)

Hamm, Dennis. Rummaging for God: Praying Backward through Your Day. *America*, 14 mai. 1994, 22-23.

Sobre direção espiritual

Barry, William A. & Connolly, William J. *The Practice of Spiritual Direction.* Edição revisada e atualizada. San Francesco: HarperOne, 2009 [1982].

Referências

Alcoholics Anonymous. *Alcoholics Anonymous: The Story of How Many Thousands of Men and Women Have Recovered From Alcoholism*, 3. ed. New York: Alcoholics Anonymous World Services, 1976. (Conhecido comumente como *The Big Book*.)

Alison, James. *Faith Beyond Wrong: Original Sin through Easter Eyes*. New York: Crossroad, 2001.

____. *The Joy of Being Wrong: Original sin through Easter Eyes*. New York: Crossroad, 1998.

Saint Augustine. *Confessions*. Trad. R. S. Pine-Coffin. Hammondsworth, England: Penguin Books, 1961.

Becker, Ernest. *The Denial of Death*. New York: The Free Press, 1973.

Blevins, Win. *Stone Song: A Novel of the Life of Crazy Horse*. New York: Tom Doherty Associates, 1995.

Buechner, Frederick. *The Sacred Jounery*. San Francisco: Harper & Row, 1982.

Documents of the Thirty-Four General Congregation of The Society of Jesus. St. Louis, MO: Institute of Jesuit Sources, 1995.

Erikson, Erik: *Childhood and Society*. Segunda edição, revisada e aumentada. New York: W. W. Norton, 1963.

Goggins, Gerard. *The Anonymous Disciple*. Worcester, MA: Assumption Publications, 1995.

Guntrip, Henry. *Psychotherapy and Religion*. New York: Harper, 1957.

Hassel, David, SJ. *Review for Religious*, 44 (1985): 388-397.

James, P. D. *Devices and Desires*. New York: Alfred A. Knopf, 1990.

Julian of Norwich. *Revelations of Divine Love. (Short text and Long text)*. Trad. Elizabeth Spearing. London, New York: Penguin Books, 1998.

Lash, Nicholas. *Holiness, Speech and Silence: Reflections on the Question of God*. Burlington, VT: Ashgate, 2005.

Leech, Kenneth. *Experiencing God: Theology as Spirituality*. New York: Harper and Row, 1985.

Levertov, Denise. *The Stream and the Sapphire: Selected Poems on Religious Themes*. New York: New Directions, 1997.

Lewis, C. D. *A Grief Observed*. New York: Bantam Books, 1976.

Lindbergh, Anne Morrow. *Gift from the Sea*. New York: Vintage Books, 1965.

Macmurray, John. *Persons in Relation*. Atlantic highlands, NJ: Humanities Press, 1961.

Malone, Matt. The Father of Mercies. *America*, 7 mar. 2005.

Meissner, William. *Ignatius of Loyola: The Psychology of a Saint*. New Haven, CT: Yale University Press, 1992.

Moore, Brian. *Black Robe*. New York: Plume, 1997.

Moore, Sebastian. *Let This Mind Be in You: The Quest for Identity through Oedipus to Christ*. Minneapolis: Winston, 1985.

O'Connor, Flannery. Revelation. *The Complete Stories*. New York: Farrar, Straus and Giroux, 1987.

Stark, Rodney. *The Rise of Christianity: How the Obscure, Marginal Jesus Movement Became the Dominant Religious Force in the Western World in a Few Centuries*. San Francisco: HarperCollins, 1997.

Tutu, Desmond. *No Future without Forgiveness*. New York: Doubleday Image, 1999.

Tyler, Anne. *Dinner at the Homesick Restaurant.* New York: Ballantine Books, 1996.

Williams, Rowan. *On Christian Theology.* Oxford: Blackwell, 2000.

Wright, N. T. *The challenge of Jesus: Rediscovering Who Jesus Was and Is.* Downers Grove, IL: InterVarsity Press, 1999.

_____. How Jesus Saw Himself. *Bible Review,* 12, n. 3 (1996), 29.

Young, William J., comp. e trad. *Letters of St. Ignatius of Loyola.* Chicago: Loyola University Press, 1959.

Edições Loyola

editoração impressão acabamento

Rua 1822 n° 341 – Ipiranga
04216-000 São Paulo, SP
T 55 11 3385 8500/8501, 2063 4275
www.loyola.com.br